고교필수
4200단어
문단기
* 문답식 단어연상 기억 *

저자 이재환(Victor Lee)

[약력]
FTC외국어연수원 원장 역임
시사외국어연수원장 역임

[활동]
MBC 9시 뉴스데스크 출연
KBS 1TV 9시 뉴스데스크 출연
KBS 2TV 뉴스광장 출연
YTN 뉴스 출연
MBN 뉴스 출연
경향신문 X매거진 특집인물기사
주간인물 표지모델 선정
미국 시카고 한인방송 인터뷰 특집기사
미국 LA 한인방송 인터뷰 특집기사
캐나다 한국일보 인터뷰 특집기사
캐나다 동아일보 인터뷰 특집기사
교육대상 수상
국내 학교 및 관공서, 학원 약 500여 개소 프로그램 공급

[저서 및 개발]
음성인식영어로봇 세계최초 개발(프레스센터 언론 기자 회견)
AMT(영어문장자동암기프로그램)개발
기적의 영어기억법 저술
분리합성언어교육프로그램 이론 발표
영어 구절반복 특허 등록
AMS(영어자동암기시스템) 개발
기타 약 50여종의 교재와 30여종의 교육관련 특허 출원

Recording

Native Speaker
Kristen

education
B.A. in English Literature at University of California, Los Angeles(UCLA)
M.A. in TESOL at California State University, Los Angeles

work experience
Power English at EBS radio, host **(current)**
Business English, EBS radio, co-host **(previous)**
English Go, EBS radio, reporter
Ewha Woman University, full-time lecturer
Hanyang University, part-time lecturer

Korean

석원희 (KBS성우) **(previous)**

신혜경 (KBS성우) **(previous)**

문단기

문답식
단어연상
기억

4

UNIT 175 - 232

(WORDS 2O89 - 2784)

한교연

머리말

문답식 단어연상 기억 (특허출원전문)

【발명의 배경】

외국어를 공부하는 학습자들이 가장 어려움을 겪는 부분이 단어학습이다.

초·중등 필수단어가 약 1,600 단어이고, 고교 필수단어가 약 4,200 단어이므로, 중복되는 단어를 제외하더라도 제대로 된 영어 학습을 위해 약 5,000개 이상의 단어를 완벽히 소리와 함께 암기해야 하는 실정이다.

최근, 한 통계에 따르면 고등학교 졸업생 중 고교 필수단어를 정확한 발음과 함께 모두 기억하고 있는 학생은 1%도 안 되고, 서울대를 포함한 상위 대학에 입학한 학생들 중에서도 다수의 학생들이 고교 필수단어 모두를 기억하지는 못하는 것으로 나타났다. 이러한 이유는 종래의 단어 기억 방법이 단순 반복 암기에 의해 이루어지기 때문으로 학습한 단어가 단기간은 머릿속에 기억되어 있다가 반복 학습을 하지 않게 되면 기억에서 바로 사라져버리기 때문이다. 실제로 영어 단어를 암기하는 경우 몇 시간이 지나면 약 50% 정도가 기억에서 사라지게 되고, 며칠이 지나면 70% 정도, 한 달 후에는 대부분의 단어들이 기억에서 사라지는 경험을 누구나 하게 된다.

따라서 암기한 단어를 지속적으로 기억하기 위해서는 수십 번에서 수백 번의 반복학습을 주기적으로 해주어야 하는데, 이렇게 암기한 단어가 기억에서 지워지고 다시 학습하는 과정에서 학습자들이 단어 암기 학습에 지쳐서 단어 암기 학습을 포기하고 있는 실정이다.

【과제의 해결 수단】

"한번 들으면 영원히 기억되기 위해" 국내 최초로 시도된 **7가지**

① 국내 최초 4200개 연상 질문 원고(연상기억)	② 국내 최초 4200개 연상 답 원고(연상기억)
③ 국내 최초 4200개 연상 질문 삽화(이미지기억)	④ 국내 최초 4200개 연상 답 삽화(이미지기억)
⑤ 국내 최초 KBS 남녀 성우 연상 질문/답 녹음	⑥ 국내 최초 원어민 3회 연속 챈트식 녹음
⑦ 8400개 삽화 애니메이션(영상 학습물)	

【발명의 효과】

한번 학습한 단어가 연상에 의해 오랜 기간 동안 기억 속에 남게 되므로 최상의 학습효과를 얻을 수 있는 뛰어난 효과를 갖는다. 문답 형식의 연상기억법을 통해 영어 단어를 기억할 수 있도록 함으로써 학교나 학원 등의 교육기관에서 선생님과 학생들 사이 또는 학생들끼리 조를 나누는 등의 방법에 의해 문답식 수업이 가능하게 되므로 학생들이 단어학습에 흥미를 느끼게 되고 보다 능동적으로 수업에 참여할 수 있게 되어 학습 능률을 향상시킬 수 있는 효과를 추가로 갖는다.

끝으로 '문단기' 연상 원고, 녹음, 삽화, 그리고 영상을 제작하기 위해 기간이 약 5년 정도가 소요됐으며 참여한 인원도 약 100여명이 참여되어 제작될 정도로 대하소설이나 대작의 영화라고 해도 과언이 아니다.

특히 이번에 본 개발을 위해서 국내 최초로 시도된 제작법만 7가지가 된다.

'문단기'는 **영상과 함께 학습**하여야 그 학습 효과를 제대로 볼 수 있으며 가능하면 영상물도 같이 구매하여 학습하기 바란다. '문단기'가 영어 단어 학습으로 힘들어하는 대한민국 모든 학습자들에게 희망이 되길 바라면서…

문답식 단어연상 기억으로

재미있고 쉽게 영어 단어를 학습하기를 기대합니다.

저자 이재환

영상 학습법

✏ STEP 1

한글로 문장 연상 단계

▶ 단어의 뜻을 넣어 연상이 되도록 질문
▶ 단어의 음을 넣어 연상이 되도록 대답
  질문: 한국인 여자 성우
  대답: 한국인 남자 성우 ---- 2회 반복
▶ 영어는 생각하지 말고 큰 소리로 한국인 성
  우가 표현하는 우리말을 따라하면서 연상
  문장을 기억할 것
▶ 리듬에 맞춰 경쾌하게 표현할 것

✏ STEP 2

연상된 문장 확인 학습 단계

▶ **음악만 흘러나오면서 입 그림이 좌측에서 우**
  측으로 움직인다.
▶ 입 그림이 좌측에서 우측으로 갈 때까지 연
  상 문장을 표현
▶ Step 1에서 연상한 문장을 바로 표현해 본다.
▶ 영어는 몰라도 한국어 연상은 바로 됨
▶ 한국어 연상 문장 안에는 영어 뜻과 음이 모
  두 들어 있음

✏ STEP 3

영어 뜻과 음 기억 단계

▶ 연상 문장 1회 흘러 나온다
▶ 다시 한 번 연상 문장을 표현한다.
▶ **단어의 뜻을 한국인이 말하고**
▶ **바로 이어 원어민이 영어음을 리듬에 맞춰서**
  3번 경쾌하게 읽는다.
▶ 원어민 음에 따라서 3회 큰 소리로 표현

✏️ STEP 4

최종 기억 단계

▸ **한글 뜻에 이어서 원어민의 영어음이 3번 리듬에 맞춰 흘러 나온다.**
▸ 다시 한 번 뜻을 표현하면서 영어음을 3번 같이 따라서 발음
▸ 영어 음을 발음할 때 영어 철자를 눈으로 정확히 익힌다.

✏️ STEP 5

기억 확인 단계

▸ **성우가 한글 뜻을 말한다**
▸ 한글 뜻을 듣고 바로 영어로 표현
▸ 입모양이 좌측에서 우측으로 가기 전에 영어로 표현
▸ 입모양이 우측으로 가면서 영어 철자가 나타난다.
▸ 영어 철자가 나타날 때 본인이 표현한 것이 맞는지 확인하면서 다시 한 번 영어로 표현

교재 학습법

교재는 **영상과 같이 학습**해야 훨씬 효과적입니다.

▸ 말 할 때는 반드시 큰 소리로 말해야 기억효과가 3~5배까지 됩니다.

✎ STEP 1

한글 연상 단계

▸ 영어는 생각하지 말고 우리말만 생각하고 연상문장을 머리에 기억합니다.
▸ 연상기억을 할 때 그림을 같이 보면서 연상기억이 오래 남도록 합니다.
▸ 연상기억을 할 때 기억을 해야겠다는 마음을 강하게 가지고 집중을 하면서 기억효과가 좋습니다. (두뇌도 발달됨)
▸ 큰 소리로 기억할 때마다 ①②③에 ✔표시를 하세요.

✎ STEP 2

한글 연상 단계

▸ STEP1에서 암기한 연상 문장을 이제 그림만을 보고 연상문장을 떠 올려서 큰소리로 말합니다.
▸ 큰 소리로 기억할 때마다 ①②③④⑤에 ✔표시를 하세요.

✎ STEP 3 연상 기억 확인 단계

1282	**elegant** [éligənt]	①	②		기품 있는, 우아한	①	②
		③	④			③	④
3021	**qualification** [kwàləfikéiʃən]	①	②		자격, 조건	①	②
		③	④			③	④
4142	**wilderness** [wíldə:rnis]	①	②		황야, 황무지	①	②
		③	④			③	④

▸ 먼저 한글로 기억된 연상문장을 한번 말하고 바로 이어서 영어발음기호를 보고 정확히 큰 소리로 영어발음을 3번씩 합니다.
▸ 종이-등으로 좌측 영어 부분을 가리고 그림과 한글만을 보고 영어로 기억한 단어를 테스트 합니다.
▸ 종이-등으로 우측 한글 부분을 가리고 그림과 영어만을 보고 기억한 단어를 한글로 말하는 테스트를 합니다.

차 례

MoonDanGi

BOOK 4

✓ STEP 1

2089 ① ② ③	2090 ① ② ③	2091 ① ② ③
강렬한 인상을 가진 사람은 누구야? 스페인 댄서야, 티브이에도 나왔어. ☺ 강렬함 ⇨ 인텐서티	**집중적인** 오징어 씹기를 하려면? 입 인(in)에서 텐(ten)번 씹어. ☺ 집중적인 ⇨ 인텐시브	너 **의도**는 언제부터 텐트에서 자는 거야? 인제부터 텐트에서 잘 거야. ☺ 의도 ⇨ 인텐트

2092 ① ② ③	2093 ① ② ③	2094 ① ② ③
어떻게 **상호 작용**하면서 할 수 없겠니? 같이 하면 인터넷에 렉 걸리잖아! ☺ 상호 작용하다 ⇨ 인터렉트	인터넷의 **상호작용** 기능은? 인터넷에선 대화가 주 기능이야. ☺ 상호작용 ⇨ 인터렉션	**상호작용하는** TV는 뭐가 달라? 인터넷과 티브이가 동시에 나와. ☺ 상호 작용하는 ⇨ 인터렉티브

2095 ① ② ③	2096 ① ② ③	2097 ① ② ③
농구 경기에서 상대 팀 공을 **가로채는** 것을 뭐라고 해? 인터셉트라고 해. ☺ 가로 채다 ⇨ 인터셉트	리포터를 교체하면 인터뷰는 누가 해? 인터뷰는 '최인지'씨가 해. ☺ 교체 ⇨ 인털체인쥐	잡지사에선 **연락**이 왜 왔어? 인터넷에 올린 코스프레 사진을 봤나봐. ☺ 연락 ⇨ 인터코-스

2098 ① ② ③	2099 ① ② ③	2100 ① ② ③
내가 **관심** 있는 사이트 주소가 어디 있어? 인터넷 관심 리스트 살펴봐바. ☺ 관심 ⇨ 인터리스트	인터뷰를 **방해하는** 이유가 뭐야? 인터뷰를 피하라고 연락 받았어. ☺ 방해하다 ⇨ 인터피어	**실내** 인테리어는 어떻게 할 거야? 인테리어를 새로 할 거야. ☺ 실내의 ⇨ 인터리얼

2089 강렬	2090 집중적인	2091 의도

| ① ② ③ ④ ⑤ | ① ② ③ ④ ⑤ | ① ② ③ ④ ⑤ |

2092 상호 작용하다	2093 상호작용	2094 상호 작용하는

| ① ② ③ ④ ⑤ | ① ② ③ ④ ⑤ | ① ② ③ ④ ⑤ |

2095 가로 채다	2096 교체	2097 연락

| ① ② ③ ④ ⑤ | ① ② ③ ④ ⑤ | ① ② ③ ④ ⑤ |

2098 관심	2099 방해하다	2100 실내의

| ① ② ③ ④ ⑤ | ① ② ③ ④ ⑤ | ① ② ③ ④ ⑤ |

2089	intensity [inténsəti]	① ② ③ ④		강렬, 강렬함, 긴장	① ② ③ ④
2090	intensive [inténsiv]	① ② ③ ④		강한, 집중적인	① ② ③ ④
2091	intent [intént]	① ② ③ ④		의향, 의도, 집중된	① ② ③ ④
2092	interact [intərǽkt]	① ② ③ ④		상호 작용하다, 서로 영향을 주다.	① ② ③ ④
2093	interaction [intərǽkʃən]	① ② ③ ④		상호작용, (컴퓨터) 대화.	① ② ③ ④
2094	interactive [intərǽktiv]	① ② ③ ④		상호 작용하는	① ② ③ ④
2095	intercept [intərsépt]	① ② ③ ④		가로 채다, 가로 막다, 엿듣다	① ② ③ ④
2096	interchange [intərtʃéindʒ]	① ② ③ ④		교환하다, 교체	① ② ③ ④
2097	intercourse [intərkɔ̀:rs]	① ② ③ ④		교제, 연락, 거래	① ② ③ ④
2098	interest [intərist]	① ② ③ ④		관심, 중요성, 이익	① ② ③ ④
2099	interfere [intərfíər]	① ② ③ ④		간섭하다, 방해하다	① ② ③ ④
2100	interior [intíəriər]	① ② ③ ④		안쪽의, 실내의, 내륙	① ② ③ ④

✓ STEP 1

2101 ① ② ③	2102 ① ② ③	2103 ① ② ③

2101

막간에 **간주곡**을 어디서 연주했니?
사람이 모인 터널로 들어가 연주했어.
☺ 간주곡 ⇨ 인털루-드

2102

휴식시간에 뭐 했어?
인터넷으로 미션 임파서블 영화 봤어.
☺ 휴식시간 ⇨ 인털미션

2103

무슨 터널 **내부의** 구조를 봤니?
스페인 터널 내부를 봤어.
☺ 내부의 ⇨ 인터-널

2104 ① ② ③	2105 ① ② ③	2106 ① ② ③

2104

인터뷰 **해석한** 거 어떻게 줄 거니?
인터뷰 해석한 거 프린트해서 줄게.
☺ 해석하다 ⇨ 인터-프리트

2105

경찰이 길을 **가로막은** 이유는?
백인경찰이 자기 옷이 더럽다고.
☺ 가로막다 ⇨ 인터럽트

2106

횡단보도에서 섹션TV 촬영 한다며?
인터뷰는 오늘 저녁 섹션TV에
방송된대.
☺ 횡단 ⇨ 인터섹션

2107 ① ② ③	2108 ① ② ③	2109 ① ② ③

2107

어느 **틈**에 무슨 날이 다가왔니?
인터뷰 날짜가 벌써 다가왔어.
☺ 틈 ⇨ 인터벌

2108

인터뷰 도중 누가 **방해했어**?
인터뷰 도중 미스터 빈이 방해했어.
☺ 방해하다 ⇨ 인터비인

2109

중재에 나선 사람들은 무엇을 했니?
인터뷰에선 연설을 했어요.
☺ 중재 ⇨ 인터벤션

2110 ① ② ③	2111 ① ② ③	2112 ① ② ③

2110

친밀한 관계를 만들려면?
인터넷으로 미팅하면 돼.
☺ 친밀한 ⇨ 인터미트

2111

억양을 조심해야 할 곳은?
인터넷에선 억양을 조심해야해.
☺ 억양 ⇨ 인터네이션

2112

술에 **취하게 해서** 어디로 보냈니?
택시 타고 케이트 집으로 보냈어.
☺ 취하게 하다 ⇨ 인탁시케이트

2101	간주곡	2102	휴식시간	2103	내부의

① ② ③ ④ ⑤   ① ② ③ ④ ⑤   ① ② ③ ④ ⑤

2104	해석하다	2105	가로막다	2106	횡단

① ② ③ ④ ⑤   ① ② ③ ④ ⑤   ① ② ③ ④ ⑤

2107	틈	2108	방해하다	2109	중재

① ② ③ ④ ⑤   ① ② ③ ④ ⑤   ① ② ③ ④ ⑤

2110	친밀한	2111	억양	2112	취하게 하다

① ② ③ ④ ⑤   ① ② ③ ④ ⑤   ① ② ③ ④ ⑤

2101	**interlude** [íntiərlùːd]	① ② ③ ④		동안, 막간, 간주곡	① ② ③ ④
2102	**intermission** [intərmíʃən]	① ② ③ ④		중지, 휴식시간	① ② ③ ④
2103	**internal** [intə́ːrnəl]	① ② ③ ④		내부의, 국내의, 안의	① ② ③ ④
2104	**interpret** [intə́ːrprit]	① ② ③ ④		~의 뜻을 해석하다, 해명하다, 이해하다, 판단하다, ~의 통역을 하다.	① ② ③ ④
2105	**interrupt** [intərʌ́pt]	① ② ③ ④		가로막다, 방해하다, 중단시키다	① ② ③ ④
2106	**intersection** [íntərsékʃən]	① ② ③ ④		교차(점), 횡단	① ② ③ ④
2107	**interval** [intərvəl]	① ② ③ ④		간격, 틈	① ② ③ ④
2108	**intervene** [íntərviːn]	① ② ③ ④		개입하다, 방해하다, 조정하다	① ② ③ ④
2109	**intervention** [intərvénʃən]	① ② ③ ④		개재, 중재, 간섭	① ② ③ ④
2110	**intimate** [íntəmit]	① ② ③ ④		친밀한, 깊은, 본질적인	① ② ③ ④
2111	**intonation** [intənéiʃən]	① ② ③ ④		읊음, 억양	① ② ③ ④
2112	**intoxicate** [intáksikeit]	① ② ③ ④		취하게 하다, 도취(흥분)시키다, (의학) 중독 시키다 (poison)	① ② ③ ④

✓ STEP 1

2113 ① ② ③

얽힌 줄을 어디다 달까?
멋 포인트로 재킷에 달아.

☺ 얽힌 ⇨ 인트러키트

2114 ① ② ③

테러 음모로 붙잡힌 사람이 어디
있어?
백인이 트릭을 써서 빠져나갔어.

☺ 음모 ⇨ 인트리-그

2115 ① ② ③

누가 어떻게 소개했니?
한 백인이 손을 들어 프로듀서를
소개했어.

☺ 소개하다 ⇨ 인트러듀-스

2116 ① ② ③

내성적인 사람은 어때?
방 인(in), 안이 더러워도 말로 표현을
안 해.

☺ 내성적인 ⇨ 인트러벌-트

2117 ① ② ③

도둑이 침입한 걸 몰랐니?
인터넷검색 하느라 도둑이 침입한
트루(true/정말)도 몰랐어.

☺ 침입하다 ⇨ 인트루-드

2118 ① ② ③

직관력을 가진 범인이 뭐 하니?
범인 둘이서 범죄를 계획해.

☺ 직관력 ⇨ 인튜이션

2119 ① ② ③

일본인은 배에도 침입했니?
응, 일본인은 배에도 침입했어.

☺ 침입하다 ⇨ 인벌리드

2120 ① ② ③

매우 가치 있는 시계인데 볼래?
인내 봐, 별루네! 어디 브랜드도 없네!

☺ 매우 가치 있는 ⇨ 인밸류어블

2121 ① ② ③

왜적이 침입하면?
인명 확인하고 배에 잊은 물건 없이
다 가지고 와.

☺ 침입 ⇨ 인베이젼

2122 ① ② ③

네가 발명한 건 뭐야?
이벤트제품.

☺ 발명하다 ⇨ 인벤트

2123 ① ② ③

이 기업은 왜 투자하니?
이제 베스트가 되기 위해.

☺ 투자하다 ⇨ 인베스트

2124 ① ② ③

범인을 조사하고 있니?
인제 막 봤어, 그리고 튀었어.
게이트(문)로.

☺ 조사하다 ⇨ 인베스티게이트

2113 얽힌	2114 음모	2115 소개하다
① ② ③ ④ ⑤	① ② ③ ④ ⑤	① ② ③ ④ ⑤

2116 내성적인	2117 침입하다	2118 직관력
① ② ③ ④ ⑤	① ② ③ ④ ⑤	① ② ③ ④ ⑤

2119 침입하다	2120 매우 가치 있는	2121 침입
① ② ③ ④ ⑤	① ② ③ ④ ⑤	① ② ③ ④ ⑤

2122 발명하다	2123 투자하다	2124 조사하다
① ② ③ ④ ⑤	① ② ③ ④ ⑤	① ② ③ ④ ⑤

2113	intricate [íntrəkit]	① ② ③ ④		복잡한, 얽힌	① ② ③ ④
2114	intrigue [intríːg]	① ② ③ ④		음모, 밀책, 정사	① ② ③ ④
2115	introduce [ìntrədjúːs]	① ② ③ ④		안으로 들이다, 받아들이다, 소개하다	① ② ③ ④
2116	introvert [íntrəvə̀ːrt]	① ② ③ ④		내성적인(사람), 안으로 옮기다	① ② ③ ④
2117	intrude [intrúːd]	① ② ③ ④		침입하다, 간섭하다, 밀어 넣다	① ② ③ ④
2118	intuition [intjuíʃən]	① ② ③ ④		직각, 직관(력), 직관적 통찰, 직관적 지식(사실), 직감적으로	① ② ③ ④
2119	invade [invéid]	① ② ③ ④		침입하다, 쇄도하다	① ② ③ ④
2120	invaluable [invǽljuəbl]	① ② ③ ④		매우 가치 있는, 평가할 수 없는	① ② ③ ④
2121	invasion [invéiʒən]	① ② ③ ④		침입, 침략	① ② ③ ④
2122	invent [invént]	① ② ③ ④		발명(창안)하다, 날조하다	① ② ③ ④
2123	invest [invést]	① ② ③ ④		투자하다, 입히다, 수여하다	① ② ③ ④
2124	investigate [invéstigeit]	① ② ③ ④		조사하다, 연구하다	① ② ③ ④

✓ STEP 1

2125 ① ② ③

인기 **조사**에 개 이름 있니?
인기조사 베스트에 개 이름 있어.
☺ 조사 ⇨ 인베스티게이션

2126 ① ② ③

투자 회사 안에 베스트 인재들 많아?
인(in)에 베스트(best) 인재들이 많다.
☺ 투자 ⇨ 인베스트먼트

2127 ① ② ③

초대를 못 받은 사람은 어떻게 해야 돼?
인내심으로 버티셩!
☺ 초대 ⇨ 인버테이션

2128 ① ② ③

누굴 **초대**할거니?
외국인 아르바이트 친구.

☺ 초대하다 ⇨ 인바이트

2129 ① ② ③

본의 아니게 무엇으로 때렸니?
이 발루 때렸다니깐요!

☺ 본의 아니게 ⇨ 인발런테리

2130 ① ② ③

이 구두를 **포함**하고 또 뭐가
필요하세요?
부인용 옷도 한 벌 부탁해요.
☺ 포함하다 ⇨ 인발브

2131 ① ② ③

반어법을 사용하니 어렵지?
아, 이러니 한국말이 어렵지.

☺ 반어법 ⇨ 아이러니

2132 ① ② ③

수면습관이 **불규칙한** 이유는?
매일 레귤러 사이즈 커피를 마셔서.

☺ 불규칙한 ⇨ 이레결러

2133 ① ② ③

논에 **물을 대려**면?
호스를 이리로 끌어 저수지 게이트를
열어.
☺ 물을 대다 ⇨ 이러게이트

2134 ① ② ③

논에 **물을 대**기 위해 아버지는 뭐하고
계셔?
소에게 이러하며 끌고 계셔!
☺ 물을 댐 ⇨ 이러게이션

2135 ① ② ③

왜 **초조해**하니?
시간이 일러서 데이트 못 갈까봐.

☺ 초조하게 하다 ⇨ 이러테이트

2136 ① ② ③

영국 옆 **섬**나라는?
아일랜드(Ireland).

☺ 섬 ⇨ 아일런드

2125 조사	2126 투자	2127 초대

① ② ③ ④ ⑤	① ② ③ ④ ⑤	① ② ③ ④ ⑤

2128 초대하다	2129 본의 아니게	2130 포함하다

① ② ③ ④ ⑤	① ② ③ ④ ⑤	① ② ③ ④ ⑤

2131 반어법	2132 불규칙한	2133 물을 대다

① ② ③ ④ ⑤	① ② ③ ④ ⑤	① ② ③ ④ ⑤

2134 물을 댐	2135 초조하게 하다	2136 섬

① ② ③ ④ ⑤	① ② ③ ④ ⑤	① ② ③ ④ ⑤

2125	investigation [invèstəgéiʃən]	① ② ③ ④		조사, 연구, 심사	① ② ③ ④
2126	investment [invéstmənt]	① ② ③ ④		투자, 출자(액)	① ② ③ ④
2127	invitation [ìnvətéiʃən]	① ② ③ ④		초대, 유인	① ② ③ ④
2128	invite [inváit]	① ② ③ ④		~하도록 권하다, 초대하다	① ② ③ ④
2129	involuntarily [inváləntérili]	① ② ③ ④		본의 아니게, 모르는 사이에	① ② ③ ④
2130	involve [inválv/-vɔ́lv]	① ② ③ ④		말아 넣다, 포함하다, 관련시키다	① ② ③ ④
2131	irony [áirəni]	① ② ③ ④		반어법, 비꼬기, 풍자, 철의	① ② ③ ④
2132	irregular [irégjələr]	① ② ③ ④		불규칙한	① ② ③ ④
2133	irrigate [írəgèit]	① ② ③ ④		물을 대다, 관개하다	① ② ③ ④
2134	irrigation [ìrəgéiʃən]	① ② ③ ④		물을 댐, 관개	① ② ③ ④
2135	irritate [írətéit]	① ② ③ ④		초조하게 하다, 자극하다	① ② ③ ④
2136	island [áilənd]	① ② ③ ④		섬, 고립된 것	① ② ③ ④

✓ STEP 1

2137 ① ② ③

무인도에 **고립시킨** 아이는 어때?
그 아이는 모험심에 설레었다.
☺ 고립시키다 ⇨ 아이설레이트

2138 ① ② ③

논쟁중인 이유는?
특별한 이슈가 있었나보지?
☺ 논쟁 ⇨ 이슈-

2139 ① ② ③

등이 **가려워** 효자손 어디 있어?
서랍에 있지요.
☺ 가려움 ⇨ 이취

2140 ① ② ③

쿡 찌르고 어디 갔어?
잽싸게 도망갔어.
☺ 쿡 찌르다 ⇨ 잽

2141 ① ② ③

감옥생활은 어때?
제일 좋아.
☺ 감옥 ⇨ 제일

2142 ① ② ③

하수구가 왜 **막혔어?**
딸기 잼이 흘러서.
☺ 막히다 ⇨ 잼

2143 ① ② ③

상어 턱이 무시무시한 영화?
상어가 나오는 죠스!

☺ 턱 ⇨ 조-

2144 ① ② ③

친구가 공부 잘해서 **질투 나니?**
그래 나도 1등 질러버릴거야!

☺ 질투하는 ⇨ 젤러스

2145 ① ② ③

상 받은 친구를 **시샘하며** 뭐라고
말했어?
쟤가 젤루 시러!(제일 싫어)
☺ 시샘 ⇨ 젤러시

2146 ① ② ③

차가 갑자기 **움직여서** 어떻게 됐어?
뒷좌석 사람이 절을 크게 했어.
☺ 움직이다 ⇨ 절-크

2147 ① ② ③

보석이 떨어져 있네?
어서 주워!
☺ 보석 ⇨ 쥬-얼

2148 ① ② ③

달리기에 **참가하는** 조는?
3조인 학생들!
☺ 참가하다 ⇨ 조인

2137 고립시키다	2138 논쟁	2139 가려움

① ② ③ ④ ⑤	① ② ③ ④ ⑤	① ② ③ ④ ⑤

2140 쿡 찌르다	2141 감옥	2142 막히다

① ② ③ ④ ⑤	① ② ③ ④ ⑤	① ② ③ ④ ⑤

2143 턱	2144 질투하는	2145 시샘

① ② ③ ④ ⑤	① ② ③ ④ ⑤	① ② ③ ④ ⑤

2146 움직이다	2147 보석	2148 참가하다

① ② ③ ④ ⑤	① ② ③ ④ ⑤	① ② ③ ④ ⑤

2137	isolate [áisəléit]	① ② ③ ④		격리(고립)시키다, 분리하다	① ② ③ ④
2138	issue [íʃuː]	① ② ③ ④		발행(하다), 논쟁(점), 유래하다	① ② ③ ④
2139	itch [itʃ]	① ② ③ ④		가려움, 옴, 갈망	① ② ③ ④
2140	jab [dʒæb]	① ② ③ ④		쿡 찌르다, 찌르기, (권투)잽	① ② ③ ④
2141	jail [dʒeil]	① ② ③ ④		교도소, 감옥	① ② ③ ④
2142	jam [dʒæm]	① ② ③ ④		밀어 넣다, 막혀 움직이지 않게 하다, 막힘, 잼	① ② ③ ④
2143	jaw [dʒɔː]	① ② ③ ④		턱, 입 부분	① ② ③ ④
2144	jealous [dʒéləs]	① ② ③ ④		질투하는, 선망하는	① ② ③ ④
2145	jealousy [dʒéləsi]	① ② ③ ④		질투, 시샘, 경계심	① ② ③ ④
2146	jerk [dʒəːrk]	① ② ③ ④		움직이다, 끌어당기다	① ② ③ ④
2147	jewel [dʒúːəl]	① ② ③ ④		보석, 귀중품	① ② ③ ④
2148	join [dʒɔin]	① ② ③ ④		결합하다, 참가하다	① ② ③ ④

✓ STEP 1

2149 ① ② ③

접합 부분은 뭘로 칠할까요?
저 페인트로 칠해주세요.
☺ 접합 부분 ⇨ 조인트

2150 ① ② ③

싸게 파는 잡지는?
전 월 잡지!
☺ 잡지 ⇨ 저-널

2151 ① ② ③

여행 갔다가 발목을 삐었어.
그래서 다리를 저니?
☺ 여행 ⇨ 저-니

2152 ① ② ③

나중에 큰 기쁨이 있으려면?
허리띠 조이며 살면 돼.
☺ 기쁨 ⇨ 죠이

2153 ① ② ③

재판이 끝나자, 기자가 물은 말은?
누가 졌지?
☺ 재판 ⇨ 져쥐

2154 ① ② ③

요술을 부리고 있는 도구는?
저글링!(juggling)
☺ 요술을 부리다 ⇨ 저글

2155 ① ② ③

껑충 뛰는 것을 뭐라고 해?
점프한다고 해.
☺ 껑충 뛰다 ⇨ 점프

2156 ① ② ③

후배들에게 밥 사준 사람에게 한 마디?
밥 사준이여, 복 받을 거예요.
☺ 후배 ⇨ 쥬-니어

2157 ① ② ③

배심원들이 피고에게 뭘 주리?
벌을 주리!
☺ 배심원 ⇨ 쥬어리

2158 ① ② ③

재판을 받은 사람은?
저수지에서 류마티스 관절염을 가진
할머니.
☺ 재판 ⇨ 저스티스

2159 ① ② ③

자신의 어떤 행동을 정당화했니?
저~서(저기서) 파이를 먹는 것.
☺ 정당화하다 ⇨ 저스터파이

2160 ① ② ③

아동들과 놀고 있는 누굴 불렀겠어?
주번 아일(아이를) 불렀어.
☺ 아동 ⇨ 쥬-버나일

2149 접합 부분	2150 잡지	2151 여행

① ② ③ ④ ⑤	① ② ③ ④ ⑤	① ② ③ ④ ⑤

2152 기쁨	2153 재판	2154 요술을 부리다

① ② ③ ④ ⑤	① ② ③ ④ ⑤	① ② ③ ④ ⑤

2155 껑충 뛰다	2156 후배	2157 배심원

① ② ③ ④ ⑤	① ② ③ ④ ⑤	① ② ③ ④ ⑤

2158 재판	2159 정당화하다	2160 아동

① ② ③ ④ ⑤	① ② ③ ④ ⑤	① ② ③ ④ ⑤

2149	joint [dʒɔint]	① ② ③ ④		접합 부분, 공동의	① ② ③ ④
2150	journal [dʒə́:rnəl]	① ② ③ ④		신문, 잡지	① ② ③ ④
2151	journey [dʒə́:rni]	① ② ③ ④		여행	① ② ③ ④
2152	joy [dʒɔi]	① ② ③ ④		기쁨, 환희, 성공	① ② ③ ④
2153	judge [dʒʌdʒ]	① ② ③ ④		재판관, 심판	① ② ③ ④
2154	juggle [dʒʌ́gəl]	① ② ③ ④		요술을 부리다, 속이다, 조작하다	① ② ③ ④
2155	jump [dʒʌmp]	① ② ③ ④		껑충 뛰다, 도약하다, 도약	① ② ③ ④
2156	junior [dʒú:njər]	① ② ③ ④		손아래의, 연소자, 후배	① ② ③ ④
2157	jury [dʒúəri]	① ② ③ ④		배심, 심사원	① ② ③ ④
2158	justice [dʒʌ́stis]	① ② ③ ④		정의, 공정, 정당성, 사법, 재판	① ② ③ ④
2159	justify [dʒʌ́stəfài]	① ② ③ ④		옳다고 하다, 정당화하다	① ② ③ ④
2160	juvenile [dʒú:vənail]	① ② ③ ④		젊은, 어린, 소년[소녀]의, 소년소녀를 위한, 소년소녀, 아동	① ② ③ ④

✓ STEP 1

2161 ① ② ③

더 **날카로운** 칼을 만들려면?
차게 식힌 칼을 갈면 돼.
☺ 날카로운 ⇨ 키인

2162 ① ② ③

솥을 어디 둘까?
개들 옆에 두지 마!
☺ 솥 ⇨ 케틀

2163 ① ② ③

아이가 뭐도 많이 컸어?
키도 많이 컸어.
☺ 아이 ⇨ 키드

2164 ① ② ③

아이를 어떻게 **유괴했어**?
키드(kid)를 냅다 차에 싣고.
☺ 유괴하다 ⇨ 키드냅

2165 ① ② ③

왜 **신장**이 아파?
운전하려고 차 키, 드니 아프네.
☺ 신장 ⇨ 키드니

2166 ① ② ③

유치원에 바이킹도 있니?
응, 바이킹도 가든(garden)에 있어.
☺ 유치원 ⇨ 킨덜갈-튼

2167 ① ② ③

높은 곳에 **불을 붙여**?
네가 시킨들 난 안 할래.
☺ 불을 붙이다 ⇨ 킨들

2168 ① ② ③

왕국이 불타는 모습을?
킹(king)은 덤덤히 바라보고 있었어.
☺ 왕국 ⇨ 킹덤

2169 ① ② ③

무릎에 상처가 났어?
니 무릎은 괜찮니?
☺ 무릎 ⇨ 니-

2170 ① ② ③

무릎을 꿇었어.
닐(니를) 그렇게 만든 게 누꼬?
☺ 무릎을 꿇다 ⇨ 니일

2171 ① ② ③

종소리 언제 울려?
낼도(내일도) 울려.
☺ 종소리 ⇨ 넬

2172 ① ② ③

지금 **뜨개질 하는** 게 뭐야?
니트를 뜨고 있어.
☺ 뜨개질하다 ⇨ 니트

2161 날카로운	2162 솥	2163 아이

① ② ③ ④ ⑤   ① ② ③ ④ ⑤   ① ② ③ ④ ⑤

2164 유괴하다	2165 신장	2166 유치원

① ② ③ ④ ⑤   ① ② ③ ④ ⑤   ① ② ③ ④ ⑤

2167 불을 붙이다	2168 왕국	2169 무릎

① ② ③ ④ ⑤   ① ② ③ ④ ⑤   ① ② ③ ④ ⑤

2170 무릎을 꿇다	2171 종소리	2172 뜨개질하다

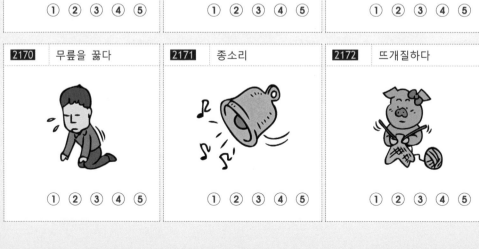

① ② ③ ④ ⑤   ① ② ③ ④ ⑤   ① ② ③ ④ ⑤

2161	keen [ki:n]	① ② ③ ④		날카로운, 예민한, 열심인	① ② ③ ④
2162	kettle [kétl]	① ② ③ ④		솥, 탕관, 주전자	① ② ③ ④
2163	kid [kid]	① ② ③ ④		새끼염소, 아이, 농담하다	① ② ③ ④
2164	kidnap [kídnæp]	① ② ③ ④		채가다, 유괴하다	① ② ③ ④
2165	kidney [kídni]	① ② ③ ④		신장(콩팥)	① ② ③ ④
2166	kindergarten [kíndərgà:rtn]	① ② ③ ④		유치원	① ② ③ ④
2167	kindle [kindl]	① ② ③ ④		불을 붙이다, 부추기다, 불이 붙다	① ② ③ ④
2168	kingdom [kíŋdəm]	① ② ③ ④		왕국, 영역, 왕정	① ② ③ ④
2169	knee [ni:]	① ② ③ ④		무릎	① ② ③ ④
2170	kneel [ni:l]	① ② ③ ④		무릎을 꿇다	① ② ③ ④
2171	knell [nel]	① ② ③ ④		종소리, 흉조	① ② ③ ④
2172	knit [nit]	① ② ③ ④		뜨개질하다, 뜨다	① ② ③ ④

✓ STEP 1

2173 ① ② ③

문 **두드리고** 들어와!
어? 노크했어!

☺ 두드리다 ⇨ 낙

2174 ① ② ③

연구실에서 **연구**하는 것은?
랩(rap)음악.

☺ 연구실 ⇨ 렙

2175 ① ② ③

노동자들은 어떻게 일해?
내의만 입고 시멘트 붜(부어)가며
일해.

☺ 노동자 ⇨ 레이벌

2176 ① ② ③

실험실의 발전을 위해?
내 돈 벌어 털어 넣으리.

☺ 실험실 ⇨ 래벌토-리

2177 ① ② ③

고된 일하면 벌이는 있니?
힘만 들고 내 벌이는 없어~

☺ 고된 ⇨ 러보-리어스

2178 ① ② ③

돈이 **부족**해서 살 수 없는 차는?
렉서스.

☺ 부족 ⇨ 랙

2179 ① ② ③

왕은 옷이 왜 **부족해**?
넥(neck)이 두꺼워 킹(king)에게 맞는
옷이 없어서.

☺ 부족한 ⇨ 랙킹

2180 ① ② ③

절름발이의 님도 좋아요?
내 임(님)인데요!

☺ 절름발이의 ⇨ 레임

2181 ① ② ③

왜 **슬퍼**하니?
로맨틱한 드라마 때문에.

☺ 슬퍼하다 ⇨ 러멘트

2182 ① ② ③

쓰레기 매립지 같다고?
이 랜드(land)의 필(feel)이 그래서
그래.

☺ 쓰레기 매립지 ⇨ 랜드필

2183 ① ② ③

착륙을 하려면?
랜딩 기어를 넣어야 해.

☺ 착륙 ⇨ 랜딩

2184 ① ② ③

누가 **여주인**이야?
저 랜드(land)에 서있는 레이디(lady).

☺ 여주인 ⇨ 랜드레이디

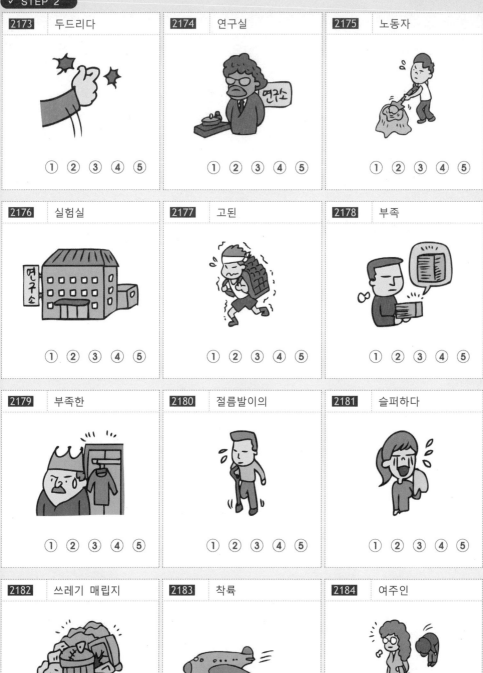

2173 두드리다	2174 연구실	2175 노동자
① ② ③ ④ ⑤	① ② ③ ④ ⑤	① ② ③ ④ ⑤
2176 실험실	2177 고된	2178 부족
① ② ③ ④ ⑤	① ② ③ ④ ⑤	① ② ③ ④ ⑤
2179 부족한	2180 절름발이의	2181 슬퍼하다
① ② ③ ④ ⑤	① ② ③ ④ ⑤	① ② ③ ④ ⑤
2182 쓰레기 매립지	2183 착륙	2184 여주인
① ② ③ ④ ⑤	① ② ③ ④ ⑤	① ② ③ ④ ⑤

No.	단어	①	②	③	④		뜻	①	②	③	④
2173	knock [nɑk/nɔk]	①	②	③	④		두드리다, 쳐서 떨어뜨리다, 노크	①	②	③	④
2174	lab [læb]	①	②	③	④		연구(실험)실	①	②	③	④
2175	labor [léibər]	①	②	③	④		노동(자), 근로, 애씀	①	②	③	④
2176	laboratory [læb-ərətɔ̀:ri]	①	②	③	④		실험실, 연구실	①	②	③	④
2177	laborious [ləbɔ́:riəs]	①	②	③	④		고된, 일 잘하는, 고심한	①	②	③	④
2178	lack [læk]	①	②	③	④		부족, 결핍(하다)	①	②	③	④
2179	lacking [lǽkiŋ]	①	②	③	④		부족한, 부족하여.	①	②	③	④
2180	lame [leim]	①	②	③	④		절름발이의, 불구의, 불충분한	①	②	③	④
2181	lament [ləmént]	①	②	③	④		슬퍼하다, 한탄하다, 슬픔, 비탄	①	②	③	④
2182	landfill [lǽndfil]	①	②	③	④		쓰레기 매립지	①	②	③	④
2183	landing [lǽndiŋ]	①	②	③	④		상륙, 착륙	①	②	③	④
2184	landlady [lǽndlèidi]	①	②	③	④		여주인, 안주인	①	②	③	④

✓ STEP 1

2185 ① ② ③

집주인이 땅을 내 놓을 것 같니?
낸들 내 놓을지 어떻게 알아!

☺ 집주인 ⇨ 랜드로-드

2186 ① ② ③

창밖의 **풍경** 좀 봐?
랜드(land)에서 여자들이 쑥 캐고
있네.

☺ 풍경 ⇨ 렌드스케입

2187 ① ② ③

좁은 길에 뭐가 내려?
레인(rain)이 내려.

☺ 좁은 길 ⇨ 레인

2188 ① ② ③

몸이 **쇠약해지면?**
음식을 남기시게 돼요.

☺ 쇠약해지다 ⇨ 랭귀쉬

2189 ① ② ③

무릎에 뭘 감았니?
랩을 감았어.

☺ 무릎 ⇨ 랩

2190 ① ② ③

실수로 거꾸로 입은 스커트는?
랩 스커트(wrap skirt).

☺ 실수 ⇨ 랩스

2191 ① ② ③

계속해서 마지막 신만 찍은 거야?
라스트신만 2시간째야.

☺ 계속하다 ⇨ 래스트

2192 ① ② ③

위도에 편지가 도착할까?
병에 넣어 레터(letter/편지)가 바다에
뜨도록 해봐!

☺ 위도 ⇨ 래터튜-드

2193 ① ② ③

우주선을 **발사할 때** 뭘 먹을 거야?
런치(lunch) 먹을 거야.

☺ 발사하다 ⇨ 론-취

2194 ① ② ③

용암이 흘러내리는데 피하지 않고 뭐
해?
나봐! 용감하지?

☺ 용암 ⇨ 라버

2195 ① ② ③

재판관들은 **소송** 재판할 때 뭘 입어?
로(law), 법률에 관계된 수트(suit)
정장을 입어.

☺ 소송 ⇨ 로-수-트

2196 ① ② ③

법률가는 어디서 많이 나와?
로얄 패밀리에서.

☺ 법률가 ⇨ 로-이얼

2185 집주인	2186 풍경	2187 좁은 길

① ② ③ ④ ⑤	① ② ③ ④ ⑤	① ② ③ ④ ⑤

2188 쇠약해지다	2189 무릎	2190 실수

① ② ③ ④ ⑤	① ② ③ ④ ⑤	① ② ③ ④ ⑤

2191 계속하다	2192 위도	2193 발사하다

① ② ③ ④ ⑤	① ② ③ ④ ⑤	① ② ③ ④ ⑤

2194 용암	2195 소송	2196 법률가

① ② ③ ④ ⑤	① ② ③ ④ ⑤	① ② ③ ④ ⑤

2185	landlord [lǽndlɔ̀:rd]	① ② ③ ④		지주, 집주인	① ② ③ ④
2186	landscape [lǽndskéip]	① ② ③ ④		풍경, 전망, 풍경화	① ② ③ ④
2187	lane [lein]	① ② ③ ④		좁은 길, 통로	① ② ③ ④
2188	languish [lǽŋgwiʃ]	① ② ③ ④		쇠약해지다, 머물다, 겪다, 힘없는	① ② ③ ④
2189	lap [læp]	① ② ③ ④		무릎(부분)	① ② ③ ④
2190	lapse [læps]	① ② ③ ④		경과, 착오, 실수	① ② ③ ④
2191	last [læst]	① ② ③ ④		계속하다, 오래가다, 마지막의, 지난, 최근의	① ② ③ ④
2192	latitude [lǽtətjù:d]	① ② ③ ④		위도, 지역, 자유	① ② ③ ④
2193	launch [lɔ:ntʃ,lɑ:ntʃ]	① ② ③ ④		진수시키다, 시작하다, 발사하다	① ② ③ ④
2194	lava [lɑ́:və]	① ② ③ ④		용암, 화산암	① ② ③ ④
2195	lawsuit [lɔ́:sù:t]	① ② ③ ④		소송, 고소	① ② ③ ④
2196	lawyer [lɔ́:jə:r]	① ② ③ ④		법률가, 변호사	① ② ③ ④

✓ STEP 1

2197 ① ② ③

저 아이는 누가 **낳은** 아이야?
레이(Ray)부인이.

☺ 낳다 ⇨ 레이

2198 ① ② ③

옷장 첫 번째 **층**은 뭐여?
내의여!

☺ 층 ⇨ 레이얼

2199 ① ② ③

이 분야에서 **비전문가**는 누구야?
레이먼씨야, 그래서 제외시켰어.

☺ 비전문가 ⇨ 레이먼

2200 ① ② ③

게으른 녀석, 속옷 또 안 입었지?
아, 속옷 입는 거, 기본 예의라고
했지!

☺ 게으른 ⇨ 레이지

2201 ① ② ③

그 안내자는 잘 **안내해** 주었나요?
예, 잘 리드해서 끌어 주었어요.

☺ 안내하다 ⇨ 리-드

2202 ① ② ③

이 **작은 잎**으로 뭘 만들어요?
리플릿(leaflet)을 만들어 봐.

☺ 작은 잎 ⇨ 리-플리트

2203 ① ② ③

기밀이 **누설**되면 어떻게 놀랄까?
이크! 큰일이야! 하면서 놀라겠죠.

☺ 누설 ⇨ 리-크

2204 ① ② ③

기울어져있네 조각상이?
기우린(기울인)게 특징이래.

☺ 기울다 ⇨ 리-인

2205 ① ② ③

뛰어넘을 때 뭘 바르면 잘 돼?
립스틱 바르고 하면 잘 돼.

☺ 뛰어넘다 ⇨ 리-잎

2206 ① ② ③

캐피탈에서 **빌리는** 차를 뭐라고 해?
리스 차량이라고 해.

☺ 빌리다 ⇨ 리-스

2207 ① ② ③

라이더는 **가죽** 자켓을 꼭 입어야
하니?
패션 리더니깐 필수 아이템이지!

☺ 가죽 ⇨ 레덜

2208 ① ② ③

아담을 두고 **떠난**
사람은? 이브!

☺ 떠나다 ⇨ 리-브

2197 낮다	2198 층	2199 비전문가
① ② ③ ④ ⑤	① ② ③ ④ ⑤	① ② ③ ④ ⑤

2200 게으른	2201 안내하다	2202 작은 잎
① ② ③ ④ ⑤	① ② ③ ④ ⑤	① ② ③ ④ ⑤

2203 누설	2204 기울다	2205 뛰어넘다
① ② ③ ④ ⑤	① ② ③ ④ ⑤	① ② ③ ④ ⑤

2206 빌리다	2207 가죽	2208 떠나다
① ② ③ ④ ⑤	① ② ③ ④ ⑤	① ② ③ ④ ⑤

2197	lay [lei]	① ② ③ ④		눕히다, 놓다, 낳다	① ② ③ ④
2198	layer [léiər]	① ② ③ ④		층(層), (지질)단층, 놓는(쌓는, 까는) * vt. 층으로 하다, 껴입다 * vi. 층을 이루다, 층으로 이루어지다	① ② ③ ④
2199	layman [léimən]	① ② ③ ④		속인, 평신도, 문외한, 비전문가	① ② ③ ④
2200	lazy [léizi]	① ② ③ ④		게으른, 나른한, 느린	① ② ③ ④
2201	lead [li:d]	① ② ③ ④		일으키다, 이끌다, 안내하다	① ② ③ ④
2202	leaflet [lí:flit]	① ② ③ ④		작은 잎, 간단한 인쇄물, 리플렛	① ② ③ ④
2203	leak [li:k]	① ② ③ ④		샘, 누설, 새는 곳	① ② ③ ④
2204	lean [li:n]	① ② ③ ④		기대다, 기울다, 굽히다, 야윈	① ② ③ ④
2205	leap [li:p]	① ② ③ ④		도약(하다), 뛰어넘다, 비약	① ② ③ ④
2206	lease [li:s]	① ② ③ ④		빌리다(빌려주다), 임차(임대)하다	① ② ③ ④
2207	leather [léðə:r]	① ② ③ ④		가죽(제품)	① ② ③ ④
2208	leave [li:v]	① ② ③ ④		남기다, 떠나다, 허가, 휴가, 이별	① ② ③ ④

40

✓ STEP 1

2209 ① ② ③

친구의 **잔소리**가 심할 때?
넥(neck), 목을 **쳐봐**, 그럼 멈춰.

☺ 잔소리 ⇨ 렉철

2210 ① ② ③

선반위에 올려놓을 것은?
전자레인지.

☺ 선반 ⇨ 레쥐

2211 ① ② ③

나머지 음식은 어디에 있어?
레프트(left), 왼쪽선반 **오벌**(over),
위에.

☺ 나머지 ⇨ 레프트오벌

2212 ① ② ③

유산 때문에 싸우는 이유는?
서로 내 것이라고 우겨.

☺ 유산 ⇨ 레거시

2213 ① ② ③

오뎅바가 **합법의** 장사가 아니라고?
이걸 길거리에서 파니까 불법이지.

☺ 합법의 ⇨ 리걸

2214 ① ② ③

저 사람은 싸움에서 진 적이 없어
전설이 됐대?
별명이 **레전드**래.

☺ 전설 ⇨ 레전드

2215 ① ② ③

숨바꼭질 하는데도 **법률**이 필요해?
가위바위보 안 내지? 그럼 슐래이셔!
☺ 법률 ⇨ 레지슬레이션

2216 ① ② ③

팀에 **옳은** 결정을 한 사람이?
니(너)지? **팀에 옳은 결정을 한 사람.**
☺ 옳은 ⇨ 레지터미트

2217 ① ② ③

여가를 어디서 즐기고 싶어?
리조트(resort)에서 푹 쉬고 싶어.
☺ 여가 ⇨ 리-절

2218 ① ② ③

왜 고무줄을 길게 **늘어트리고** 있니?
애 쓴다! (노력하네)
☺ 늘이다 ⇨ 렝튼

2219 ① ② ③

피아노 소리 좀 **줄여줄래**?
미안, 레슨 중이라.
☺ 줄이다 ⇨ 레슨

2220 ① ② ③

글자가 귀엽고 예쁘네?
러브레터야.
☺ 글자 ⇨ 레털

2209 잔소리	2210 선반	2211 나머지

① ② ③ ④ ⑤	① ② ③ ④ ⑤	① ② ③ ④ ⑤

2212 유산	2213 합법의	2214 전설

① ② ③ ④ ⑤	① ② ③ ④ ⑤	① ② ③ ④ ⑤

2215 법률	2216 옳은	2217 여가

① ② ③ ④ ⑤	① ② ③ ④ ⑤	① ② ③ ④ ⑤

2218 늘이다	2219 줄이다	2220 글자

① ② ③ ④ ⑤	① ② ③ ④ ⑤	① ② ③ ④ ⑤

		①	②			①	②
2209	**lecture** [léktʃə:r]				강의, 훈계, 잔소리		
		③	④			③	④
2210	**ledge** [ledʒ]	①	②		선반, 바위 턱	①	②
		③	④			③	④
2211	**leftover** [léftòuvə:r]	①	②		나머지(의)	①	②
		③	④			③	④
2212	**legacy** [légəsi]	①	②		유산, 유증(遺贈), (재산), 이어(물려)받은 것	①	②
		③	④			③	④
2213	**legal** [lí:gəl]	①	②		법률의, 합법의	①	②
		③	④			③	④
2214	**legend** [lédʒənd]	①	②		전설, 설화	①	②
		③	④			③	④
2215	**legislation** [lédʒisléiʃ-ən]	①	②		입법, 법률(제정)	①	②
		③	④			③	④
2216	**legitimate** [lidʒítəmit]	①	②		합법의, 옳은, 합리적인	①	②
		③	④			③	④
2217	**leisure** [lí:ʒər]	①	②		여가, 틈, 한가한	①	②
		③	④			③	④
2218	**lengthen** [léŋkə-ən]	①	②		길게 하다, 늘이다, 늘어나다	①	②
		③	④			③	④
2219	**lessen** [lesn]	①	②		줄이다, 작게 하다	①	②
		③	④			③	④
2220	**letter** [létər]	①	②		글자, 문자, 편지, 문학	①	②
		③	④			③	④

✓ STEP 1

2221 ① ② ③

인생을 **책임져야 할** 나이지?
나이가 불러오는 것이 책임감이야!

☺ 책임을 져야 할 ⇨ 라이어벌

2222 ① ② ③

대범한 사람이 되려면?
소심한 니(너)를 **버려**! 그럼 돼!

☺ 대범한 ⇨ 리버럴

2223 ① ② ③

해방이 되면?
리버(river), 강에도 래이트(late),
늦게나마 평화가 와요.

☺ 해방하다 ⇨ 리버레이트

2224 ① ② ③

남녀 **평등화** 시대에 달라져야할 것은?
지금까지의 니(너)를 **버리셔**.

☺ 평등화 ⇨ 리버레이션

2225 ① ② ③

아이들이 **자유롭게** 놀 수 있는
아파트는?
리벌티(liberty) 아파트!

☺ 자유 ⇨ 리벌티

2226 ① ② ③

손에 묻은 아이스크림 **핥아도 돼**?
릭! 안돼, 손 씻어!

☺ 핥다 ⇨ 릭

2227 ① ② ③

뭘 **거짓말했어**?
나이가 많다고 속였어.

☺ 거짓말하다 ⇨ 라이

2228 ① ② ③

그 사람 **인생**은 참 위험스러워?
나이프(knife)처럼 위험스럽네.

☺ 인생 ⇨ 라이프

2229 ① ② ③

인명 구조원은 어떤 옷을 입었어?
라이프라고 새겨진 옷을 **입었어**.

☺ 인명 구조원 ⇨ 라이프세이버

2230 ① ② ③

스키장에서 사람을 **올려주는** 기구는?
리프트.

☺ 올리다 ⇨ 리프트

2231 ① ② ③

지혜로 앞길을 **밝히며** 가는 사람?
나이 든 사람.

☺ 밝히다 ⇨ 라이튼

2232 ① ② ③

등대는 어디 있어?
저기 라이트(light)가 켜진
하우스(house)야.

☺ 등대 ⇨ 라이트하우스

2221 책임을 져야 할	2222 대범한	2223 해방하다

① ② ③ ④ ⑤	① ② ③ ④ ⑤	① ② ③ ④ ⑤

2224 평등화	2225 자유	2226 핥다

① ② ③ ④ ⑤	① ② ③ ④ ⑤	① ② ③ ④ ⑤

2227 거짓말하다	2228 인생	2229 인명 구조원

① ② ③ ④ ⑤	① ② ③ ④ ⑤	① ② ③ ④ ⑤

2230 올리다	2231 밝히다	2232 등대

① ② ③ ④ ⑤	① ② ③ ④ ⑤	① ② ③ ④ ⑤

2221	liable [láiəbl]	① ② ③ ④		책임을 져야할, 자칫하면 ~하는, (까딱하면) ~하기 쉬운	① ② ③ ④
2222	liberal [líbərəl]	① ② ③ ④		후한, 대범한, 자유주의의	① ② ③ ④
2223	liberate [líbərèit]	① ② ③ ④		해방하다, 자유롭게 하다, 방면(석방)하다, 벗어나게 하다	① ② ③ ④
2224	liberation [lìbəréiʃ-ən]	① ② ③ ④		해방, 석방, 평등화	① ② ③ ④
2225	liberty [líbə:rti]	① ② ③ ④		자유, 멋대로 함	① ② ③ ④
2226	lick [lik]	① ② ③ ④		핥다, 핥기	① ② ③ ④
2227	lie [lai]	① ② ③ ④		눕다, 놓여있다, -에 있다, 거짓말하다	① ② ③ ④
2228	life [laif]	① ② ③ ④		생명, 수명, 생활, 인생	① ② ③ ④
2229	lifesaver [láifsèivə:r]	① ② ③ ④		인명 구조원, 생명의 은인	① ② ③ ④
2230	lift [lift]	① ② ③ ④		올리다, 해제하다, 걷히다, 태우기, 올리기	① ② ③ ④
2231	lighten [láitn]	① ② ③ ④		밝히다, 가벼워지다	① ② ③ ④
2232	lighthouse [láithàus]	① ② ③ ④		등대	① ② ③ ④

✓ STEP 1

2233 ① ② ③

방금 불빛이 **번개**야?
그래, 라이트닝(lightning)이 몇 번이나
쳤는데.

☺ 번개 ⇨ 라이트닝

2234 ① ② ③

동화에서나 **있을 법한** 피터팬은 키가
왜 안 커요?
동화니까 나이가 들어도 클 리 없어.

☺ 있을 법한 ⇨ 라이클리

2235 ① ② ③

와인이 **비슷하게** 생겼네?
그럼 니가 라이크(like), 좋아하는 와인
줘봐.

☺ 비슷하게 ⇨ 라이크와이즈

2236 ① ② ③

석회석 돌은 어느 것이야?
라임(lime)나무 아래 스톤(stone)이야.

☺ 석회석 ⇨ 라임스토운

2237 ① ② ③

다리미는 열의 **한계**가 있니?
다리미는 열의 한계가 있지만 위험해.

☺ 한계 ⇨ 리미트

2238 ① ② ③

한정된 공간에서 티셔츠도 다릴 수 있어?
다리미로 티셔츠도 다릴 수 있어.

☺ 한정된 ⇨ 리미티드

2239 ① ② ③

다리를 왜 **절름거려**?
림프관(lymphatic duct)이 막혀서
그렇대!

☺ 절름거리다 ⇨ 림프

2240 ① ② ③

몸의 **선**이 S자로 보이는 걸 뭐라고
해?
S 라인!

☺ 선 ⇨ 라인

2241 ① ② ③

어쩜 몸이 **직선**과 같니?
이래 봬도 나, S라인이여!

☺ 직선의 ⇨ 리니얼

2242 ① ② ③

항공기 타고 기내에서 뭘 하니?
라이너로 눈 화장해.

☺ 항공기 ⇨ 라이널

2243 ① ② ③

병원에 **오래 머무르고** 있는 환자는?
링거를 맞고 있는 환자.

☺ 오래 머무르다 ⇨ 링걸

2244 ① ② ③

언어의 표현은 얼마나 아름다워?
링 귀걸이하고 립스틱 바른 여자보다
더.

☺ 언어의 ⇨ 링귀스틱

2233	번개

① ② ③ ④ ⑤

2234	있을 법한

① ② ③ ④ ⑤

2235	비슷하게

① ② ③ ④ ⑤

2236	석회석

① ② ③ ④ ⑤

2237	한계

① ② ③ ④ ⑤

2238	한정된

① ② ③ ④ ⑤

2239	절름거리다

① ② ③ ④ ⑤

2240	선

① ② ③ ④ ⑤

2241	직선의

① ② ③ ④ ⑤

2242	항공기

① ② ③ ④ ⑤

2243	오래 머무르다

① ② ③ ④ ⑤

2244	언어의

① ② ③ ④ ⑤

2233	**lightning** [láitniŋ]	① ② ③ ④		번개(의)	① ② ③ ④
2234	**likely** [láikli]	① ② ③ ④		~할 것 같은, 있을 법한, 유망한	① ② ③ ④
2235	**likewise** [láikwáiz]	① ② ③ ④		마찬가지로, 똑같이, 비슷하게, 또한	① ② ③ ④
2236	**limestone** [láimstòun]	① ② ③ ④		석회석	① ② ③ ④
2237	**limit** [límit]	① ② ③ ④		한계, 제한	① ② ③ ④
2238	**limited** [límitid]	① ② ③ ④		한정된	① ② ③ ④
2239	**limp** [limp]	① ② ③ ④		절름거리다, 절름거리기, 서투름	① ② ③ ④
2240	**line** [lain]	① ② ③ ④		선, 행, 열, 노선, 방향	① ② ③ ④
2241	**linear** [líniər]	① ② ③ ④		직선의, 선과 같은	① ② ③ ④
2242	**liner** [láinər]	① ② ③ ④		정기선(항공기)	① ② ③ ④
2243	**linger** [líŋgər]	① ② ③ ④		지체하다, 오래 머무르다	① ② ③ ④
2244	**linguistic** [liŋgwístik]	① ② ③ ④		어학의, 언어의	① ② ③ ④

2242 아이라이너(eye liner): 눈의 윤곽을 그리는 화장품

✓ STEP 1

2245 ① ② ③

옷 **안감**의 라인은 어때?
라인이 좋네.
☺ 안감 ⇨ 라이닝

2246 ① ② ③

사이트를 서로 **연결하는 거?**
링크!
☺ 연결하다 ⇨ 링크

2247 ① ② ③

이 **액체**를 마시면 나도 키가 커져?
그래, 니 키두 쑥쑥 클 거야.
☺ 액체 ⇨ 리퀴드

2248 ① ② ③

이 **술** 내꺼야?
그래, 니 꺼야.

☺ 술 ⇨ 리컬

2249 ① ② ③

과학책 **글자 그대로** 실험하려면?
물 1리터를 준비해야해.

☺ 글자 그대로의 ⇨ 리터럴

2250 ① ② ③

그 사람은 **문학에 훤한** 사람이니?
그는 1리터의 눈물도 갤러리에
추천했어.
☺ 문학에 훤한 ⇨ 리터레리

2251 ① ② ③

학식 있는 교수님은 정답이 뭐래?
1 리터래!

☺ 학식 있는 ⇨ 리터러릴

2252 ① ② ③

문헌에 보면 하루 몸에 필요한 물은?
약 1리터래, 철분도 필요하고.

☺ 문헌 ⇨ 리터러쳐

2253 ① ② ③

축사 **깔 짚**에 소독제는 얼마나
뿌렸어?
1리터 정도 뿌렸어.
☺ 깔 짚 ⇨ 리털

2254 ① ② ③

그 가수는 어떻게 **생활하니?**
라이브로 노래 부르며 생활 해.

☺ 생활하다 ⇨ 리브

2255 ① ② ③

생계를 위해 어떤 일을 해?
길거리에서 라이브로 이 후드티를
입고 노래 해.
☺ 생계 ⇨ 라이블리후드

2256 ① ② ③

누구 이불에 **생기 넘치는** 그림이
있어?
나(내) 이불이야.
☺ 생기 넘치는 ⇨ 라이블리

2245 안감	2246 연결하다	2247 액체
① ② ③ ④ ⑤	① ② ③ ④ ⑤	① ② ③ ④ ⑤

2248 술	2249 글자 그대로의	2250 문학에 훤한
① ② ③ ④ ⑤	① ② ③ ④ ⑤	① ② ③ ④ ⑤

2251 학식 있는	2252 문헌	2253 깔 짚
① ② ③ ④ ⑤	① ② ③ ④ ⑤	① ② ③ ④ ⑤

2254 생활하다	2255 생계	2256 생기 넘치는
① ② ③ ④ ⑤	① ② ③ ④ ⑤	① ② ③ ④ ⑤

2245	**lining** [láiniŋ]	① ② ③ ④		안대기, 안감	① ② ③ ④
2246	**link** [liŋk]	① ② ③ ④		연결하다, 관련시키다	① ② ③ ④
2247	**liquid** [líkwid]	① ② ③ ④		액체(의), 유동체	① ② ③ ④
2248	**liquor** [likər]	① ② ③ ④		독한 증류수, 술	① ② ③ ④
2249	**literal** [litərəl]	① ② ③ ④		문자(의), 글자 그대로의	① ② ③ ④
2250	**literary** [lítərəri]	① ② ③ ④		문학의, 문학에 훤한	① ② ③ ④
2251	**literate** [litérərit]	① ② ③ ④		읽고 쓸 수 있는, 학식 있는	① ② ③ ④
2252	**literature** [lítərətʃər]	① ② ③ ④		문학, 문헌	① ② ③ ④
2253	**litter** [lítər]	① ② ③ ④		들것, 들것 모양의 것, 침상 가마, (짐승) 깔 짚, 깃, 마구간	① ② ③ ④
2254	**live** [laiv, liv]	① ② ③ ④		살다, 생활하다, 살아있는, 생방송의	① ② ③ ④
2255	**livelihood** [láivlihú(:)d]	① ② ③ ④		살림, 생계	① ② ③ ④
2256	**lively** [láivli]	① ② ③ ④		생기 넘치는, 격렬한	① ② ③ ④

2257 ① ② ③

거북이는 토끼 **간**을 구했니?
구해서 리버(river), 강에서 씻고 있어!

☺ 간 ⇨ 리벌

2258 ① ② ③

수탉이 **가축**이야?
라이브(live), 살아있는 수탉은 가축에
포함되지.

☺ 가축 ⇨ 라이브스탁

2259 ① ② ③

짐을 싣는 장면을 어디서 촬영해?
로드(road), 길에서.

☺ 짐을 싣다 ⇨ 로우드

2260 ① ② ③

농부에게 **빌려 준** 것은?
논이야.

☺ 빌려주다 ⇨ 로운

2261 ① ② ③

도로 부실 공사 **진저리 쳐지지**
않나요?
로드(road), 도로가 너무 부실해요.

☺ 진저리 치다 ⇨ 로우드

2262 ① ② ③

지방의 버스는 어때?
로컬버스라서 상태가 안 좋아.

☺ 지방의 ⇨ 로우컬

2263 ① ② ③

로켓 발사 **장소를 정했어?**
로케트 발사장소를 정했어.

☺ 장소를 정하다 ⇨ 로우케이트

2264 ① ② ③

문은 뭘로 **잠궈?**
문에 도어락이 있어.

☺ 잠그다 ⇨ 락

2265 ① ② ③

이동하는 차에서 큰일 나려고?
운전대 놓고 뭐? TV보는 거?

☺ 이동하는 ⇨ 로우커모우티브

2266 ① ② ③

오두막집에서 뭐 시켜 먹었어?
라지 사이즈 피자 시켜먹었어.

☺ 오두막집 ⇨ 라쥐

2267 ① ② ③

아주 높은 산은 뭐가 달라?
딱 봐서, 높은 티가 나.

☺ 아주 높은 ⇨ 로-프티

2268 ① ② ③

논리가 있는 그 변호사 목소리는?
나직한(나지막한) 목소리야.

☺ 논리 ⇨ 라쥑

2257 간	2258 가축	2259 짐을 싣다

① ② ③ ④ ⑤	① ② ③ ④ ⑤	① ② ③ ④ ⑤

2260 빌려주다	2261 진저리 치다	2262 지방의

① ② ③ ④ ⑤	① ② ③ ④ ⑤	① ② ③ ④ ⑤

2263 장소를 정하다	2264 잠그다	2265 이동하는

① ② ③ ④ ⑤	① ② ③ ④ ⑤	① ② ③ ④ ⑤

2266 오두막집	2267 아주 높은	2268 논리

① ② ③ ④ ⑤	① ② ③ ④ ⑤	① ② ③ ④ ⑤

2257	liver [lívər]	① ② ③ ④		(해부학) 간장(肝臟), 간(肝), 거주자	① ② ③ ④
2258	livestock [láivstàk]	① ② ③ ④		가축	① ② ③ ④
2259	load [loud]	① ② ③ ④		(무거운) 짐, 짐을 싣다, 넣다	① ② ③ ④
2260	loan [loun]	① ② ③ ④		빌려주다, 대출(하다), 융자, 대여	① ② ③ ④
2261	loathe [louð]	① ② ③ ④		몹시 싫어하다, 진저리 치다, 혐오하다	① ② ③ ④
2262	local [lóukəl]	① ② ③ ④		공간의, 지방의, 완행의	① ② ③ ④
2263	locate [lóukeit]	① ② ③ ④		장소를 정하다, 위치하다, 알아내다	① ② ③ ④
2264	lock [lɑk/lɔk]	① ② ③ ④		잠그다, 고정시키다, 자물쇠	① ② ③ ④
2265	locomotive [lóukəmóutiv]	① ② ③ ④		기관차, 이동하는	① ② ③ ④
2266	lodge [lɑdʒ]	① ② ③ ④		오두막집, 숙박하다	① ② ③ ④
2267	lofty [lɔ́:fti]	① ② ③ ④		아주 높은, 고상한, 거만한	① ② ③ ④
2268	logic [ládʒik]	① ② ③ ④		논리(학), 논법, 조리	① ② ③ ④

✓ STEP 1

2269 ① ② ③

저 사람은 왜 항상 **쓸쓸한** 얼굴이야?
주장하는 **논리**가 쓸쓸해서 그래.
☺ 쓸쓸한 ⇨ 로운리

2270 ① ② ③

오랜 기간 입었던 옷을 어디 두지?
농에 넣어두면 되지.
☺ 오랜 ⇨ 롱

2271 ① ② ③

개는 **경도**를 잘 재고 있니?
중국 란저우부터 측정기 들고 뛰더라.
☺ 경도 ⇨ 란져튜-드

2272 ① ② ③

올림픽은 **장시간** 치러 지지?
성화 봉송부터 **롱 텀**이야!
☺ 장시간 ⇨ 롱-텀

2273 ① ② ③

베틀이 있는 방은?
저 **룸**(room)에 있어.
☺ 베틀 ⇨ 루움

2274 ① ② ③

신발 끈 다 **풀었으면** 다시 묶어줄게
느슨하게 다시 묶어 줘.
☺ 풀다 ⇨ 루-선

2275 ① ② ③

고기 수분 **손실**이 크네?
로스구이를 하면 그렇지.
☺ 손실 ⇨ 로-스

2276 ① ② ③

추첨 된 번호가 내 번호면
행운이겠지?
응~ 제발 내 번호 나와랏!
☺ 추첨 ⇨ 라트

2277 ① ② ③

추첨으로 경품 받은 거야?
라디오 프로에서 **떨이**로 받았어.
☺ 추첨 ⇨ 라터리

2278 ① ② ③

명품 백을 **낮은** 가격으로 파는
이유는?
로열티가 내려서 그래.
☺ 낮은 ⇨ 로우얼

2279 ① ② ③

저 **충실한** 일벌들은 뭘 만드는 거야?
로얄제리.
☺ 충실한 ⇨ 로열

2280 ① ② ③

여행용 가방에 어떤 그림이 그려져
있어?
기러기 그림이 그려져 있지.
☺ 여행용 가방 ⇨ 러기쥐

2269 쓸쓸한	2270 오랜	2271 경도
① ② ③ ④ ⑤	① ② ③ ④ ⑤	① ② ③ ④ ⑤
2272 장시간	2273 베틀	2274 풀다
① ② ③ ④ ⑤	① ② ③ ④ ⑤	① ② ③ ④ ⑤
2275 손실	2276 추첨	2277 추첨
① ② ③ ④ ⑤	① ② ③ ④ ⑤	① ② ③ ④ ⑤
2278 낮은	2279 충실한	2280 여행용 가방
① ② ③ ④ ⑤	① ② ③ ④ ⑤	① ② ③ ④ ⑤

2269	**lonely** [lóunli]	① ② ③ ④		고독한, 쓸쓸한, 외딴	① ② ③ ④
2270	**long** [lɔ:ŋ]	① ② ③ ④		긴, 오랜	① ② ③ ④
2271	**longitude** [lándʒətjù:d]	① ② ③ ④		경도	① ② ③ ④
2272	**long-term** [lɔ́:ŋtə̀:rm]	① ② ③ ④		오랜 기간, 장시간	① ② ③ ④
2273	**loom** [lu:m]	① ② ③ ④		베틀, 직기	① ② ③ ④
2274	**loosen** [lú:sn]	① ② ③ ④		풀다, 늦추다	① ② ③ ④
2275	**loss** [lɔ(:)s]	① ② ③ ④		잃음, 분실, 손실	① ② ③ ④
2276	**lot** [lat]	① ② ③ ④		추첨, 운명, 몫, 많음	① ② ③ ④
2277	**lottery** [látəri]	① ② ③ ④		복권 뽑기, 추첨, 운	① ② ③ ④
2278	**lower** [lóuər]	① ② ③ ④		내리다(낮추다), 감소시키다, 아래의, 낮은	① ② ③ ④
2279	**loyal** [lɔ́iəl]	① ② ③ ④		충실한, 충성스러운	① ② ③ ④
2280	**luggage** [lʌ́gidʒ]	① ② ③ ④		수화물, 여행용 가방	① ② ③ ④

✓ STEP 1

2281 ① ② ③

원유 값을 **진정**시킬 방법은?
원유 1배럴당 세금을 내리면 돼.

☺ 진정 ⇨ 럴

2282 ① ② ③

이 나무 **재목**이 탐나네?
이미 예약 된 거라 넘봐도
소용없어요.

☺ 재목 ⇨ 럼벌

2283 ① ② ③

멋진 **밝은** 룸 있나요?
룸이 멋져 너, 쓰러질 정도의 방이
있어요.

☺ 밝은 ⇨ 루-머너스

2284 ① ② ③

다리에 **혹**이 난 선수 괜찮니?
슬럼프에 빠졌어요.

☺ 혹 ⇨ 럼프

2285 ① ② ③

달의 모습을 보니 님이 생각나?
응, 갑자기 눈물이 어른거린다.

☺ 달의 ⇨ 루-널

2286 ① ② ③

누나는 왜 갑자기 **미치광이**가 됐어?
누나가 틱하고 쓰러지고 일어나니
저래.

☺ 미치광이 ⇨ 루-너틱

2287 ① ② ③

너 **폐** 건강한 거야?
다른 사람보다 롱(long)해서 건강한
편이야.

☺ 폐 ⇨ 렁

2288 ① ② ③

미끼를 이용해 사슴을 잡아볼까?
이쪽으로 몰아, 일루어!

☺ 미끼 ⇨ 루얼

2289 ① ② ③

산적들이 보석 가지고 어디에 **숨었어**?
동굴에 보석 넣구 거기에 있었어.

☺ 숨다 ⇨ 러-크

2290 ① ② ③

먹고 싶은 **욕망**을 참으면 어떻게 돼?
너무 스트레스 받아?

☺ 욕망 ⇨ 러스트

2291 ① ② ③

저 **울창한** 숲에 뭔가 지나가네?
억! 저리로 자이언트(giant)가
지나간다!

☺ 울창한 ⇨ 럭쥬어리언트

2292 ① ② ③

이 **호사로운** 집은 뭘까?
억! 절이었어!

☺ 호사로운 ⇨ 럭쥬어리어스

2281 진정	2282 재목	2283 밝은

① ② ③ ④ ⑤	① ② ③ ④ ⑤	① ② ③ ④ ⑤

2284 혹	2285 달의	2286 미치광이

① ② ③ ④ ⑤	① ② ③ ④ ⑤	① ② ③ ④ ⑤

2287 폐	2288 미끼	2289 숨다

① ② ③ ④ ⑤	① ② ③ ④ ⑤	① ② ③ ④ ⑤

2290 욕망	2291 울창한	2292 호사로운

① ② ③ ④ ⑤	① ② ③ ④ ⑤	① ② ③ ④ ⑤

2281	**lull** [lʌl]	① ② ③ ④		진정, 잠잠함, 달래다	① ② ③ ④
2282	**lumber** [lʌ́mbər]	① ② ③ ④		재목, 제재목, 잡동사니, 거추장스런 것, *vt. ~의 재목을 베어내다.	① ② ③ ④
2283	**luminous** [lúːmənəs]	① ② ③ ④		빛을 내는(쏘이는), 빛나는, 밝은, 명료한, 총명한, 명석한	① ② ③ ④
2284	**lump** [lʌmp]	① ② ③ ④		덩어리, 혹	① ② ③ ④
2285	**lunar** [lúːnər]	① ② ③ ④		달의, 태음의	① ② ③ ④
2286	**lunatic** [lúːnətik]	① ② ③ ④		정신 이상의, 어이없는, 미치광이	① ② ③ ④
2287	**lung** [lʌŋ]	① ② ③ ④		폐, 인공 심폐(장치)	① ② ③ ④
2288	**lure** [luər]	① ② ③ ④		유인하다 매력, 미끼	① ② ③ ④
2289	**lurk** [ləːrk]	① ② ③ ④		숨다, 잠재하다, 잠복	① ② ③ ④
2290	**lust** [lʌst]	① ② ③ ④		욕망, 번뇌	① ② ③ ④
2291	**luxuriant** [lʌgʒúəriənt]	① ② ③ ④		번성한, 울창한, 풍부한	① ② ③ ④
2292	**luxurious** [lʌgʒúəriəs]	① ② ③ ④		사치스런, 호사로운	① ② ③ ④

✔ STEP 1

2293 ① ② ③

음식도 **사치**스러웠고 왕의 옷은 어때? 럭셔리했어.

☺ 사치 ⇨ 럭셔리

2294 ① ② ③

휘리릭이라는 단어를 **가사**에 넣을 수 있어?
휘리릭? 좋은데?

☺ 가사 ⇨ 리릭

2295 ① ② ③

미친 사람이 뭘 들고 뛰어다니니?
매 들고 뛰어다녀.

☺ 미친 ⇨ 매드

2296 ① ② ③

거지는 **잡지**를 매일 줍니?
매일 거진 잡지 주워다 팔아!

☺ 잡지 ⇨ 매거진-

2297 ① ② ③

이 큰 **자석**을 어떻게 가지고 가?
가방에 메고 니 먼저 가라.

☺ 자석 ⇨ 매그니트

2298 ① ② ③

훌륭한 장면에서 TV를 가리면 어떻게?
티비를 막으니 피가 거꾸로 솟는다.

☺ 훌륭한 ⇨ 매그니퍼센트

2299 ① ② ③

맛없는 파이를 왜 맛있다고 **과장하지**?
매일 그놈은 파이를 밥처럼 먹어.

☺ 과장하다 ⇨ 매그너파이

2300 ① ② ③

소녀는 아까부터 왜 헤매고 다니지?
메어둔 소가 달아나서.

☺ 소녀 ⇨ 메이든

2301 ① ② ③

시험을 **망쳐놓으면** 벌로 뭐야?
매입니다.

☺ 망쳐놓다 ⇨ 메임

2302 ① ② ③

회사원들은 **주된** 일정을 잘 처리하나요?
빡빡하게 메인 일정을 잘 소화해요.

☺ 주된 ⇨ 메인

2303 ① ② ③

대륙에 묶여있는 국가들은 어디일까?
한반도 메여있는 랜드(국가) 중 하나지!

☺ 대륙 ⇨ 메인랜드

2304 ① ② ③

대결을 며칠이나 더 **지속할** 거야?
매일매일 일대일로 승패가 갈릴 때까지.

☺ 지속하다 ⇨ 메인테인

2293	사치

① ② ③ ④ ⑤

2294	가사

① ② ③ ④ ⑤

2295	미친

① ② ③ ④ ⑤

2296	잡지

① ② ③ ④ ⑤

2297	자석

① ② ③ ④ ⑤

2298	훌륭한

① ② ③ ④ ⑤

2299	과장하다

① ② ③ ④ ⑤

2300	소녀

① ② ③ ④ ⑤

2301	망쳐놓다

① ② ③ ④ ⑤

2302	주된

① ② ③ ④ ⑤

2303	대륙

① ② ③ ④ ⑤

2304	지속하다

① ② ③ ④ ⑤

		① ②			① ②
2293	**luxury** [lʌ́kʃəri]	① ② ③ ④		사치(품), 고급의	① ② ③ ④
2294	**lyric** [lírik]	① ② ③ ④		서정시, 노래, 가사	① ② ③ ④
2295	**mad** [mæd]	① ② ③ ④		미친, 열광적인	① ② ③ ④
2296	**magazine** [mæ̀gəzíːn]	① ② ③ ④		잡지, 창고	① ② ③ ④
2297	**magnet** [mǽgnit]	① ② ③ ④		자석, 사람의 마음을 끄는 것	① ② ③ ④
2298	**magnificent** [mægnífisənt]	① ② ③ ④		장대한, 훌륭한, 대단한	① ② ③ ④
2299	**magnify** [mǽgnəfài]	① ② ③ ④		확대하다, 과장하다	① ② ③ ④
2300	**maiden** [méidn]	① ② ③ ④		소녀(의), 처음의	① ② ③ ④
2301	**maim** [meim]	① ② ③ ④		불구로 만들다, 망쳐놓다	① ② ③ ④
2302	**main** [mein]	① ② ③ ④		주요한, 주된, 최대의	① ② ③ ④
2303	**mainland** [méinlæ̀nd]	① ② ③ ④		대륙, 본토	① ② ③ ④
2304	**maintain** [meintéin]	① ② ③ ④		지속(유지)하다 부양하다, 주장하다	① ② ③ ④

✓ STEP 1

2305 ① ② ③	2306 ① ② ③	2307 ① ② ③

위엄 있는 부인의 모자를 어떻게 한 거야?
모자를 스틱으로 찔러 떨어트렸어.
☺ 위엄 있는 ⇨ 머제스틱

이번 리그에 **주요한** 선수들은 다 참여했어?
메이져 급들은 다 왔어.
☺ 주요한 ⇨ 메이절

얼짱은 어떻게 **만들어**?
메이크업을 좀 튀게 하면 돼.
☺ 만들다 ⇨ 메이크

2308 ① ② ③	2309 ① ② ③	2310 ① ② ③

남자다운 모습을 보여주실 수 있나요?
매일 보여드릴게요.
☺ 남자다운 ⇨ 메일

볼꼴 사나운 개가 어떻게 했다고?
개인 멜(mail)로 펀드 가입을 권했어.
☺ 볼꼴 사나운 ⇨ 맬폼-드

앨리스는 왜 **적의** 무리와 싸우는 거야?
매일 적들이 앨리스를 공격하니까.
☺ 적의 ⇨ 맬리스

2311 ① ② ③	2312 ① ② ③	2313 ① ② ③

영양 부족 아이들을 어떻게 관리해?
영양메뉴를 트리에 붙여놓고선 따로 관리해.
☺ 영양 부족 ⇨ 맬뉴-트리션

포유동물 뼈가 발견됐다며?
응, 매몰된 뼈는 돼지 뼈로 판명됐대.
☺ 포유동물 ⇨ 매멀

이 엄청난 일을 **해 낸** 사람이 누구야?
당연 슈퍼맨이지!
☺ 해내다 ⇨ 매니쥐

2314 ① ② ③	2315 ① ② ③	2316 ① ② ③

상사가 어떤 **명령의** 일을 시킨 거야?
스파이더맨과 **도토리**를 주워 오래.
☺ 명령의 ⇨ 맨더토-리

광기의 악당을 무찌른 게 슈퍼맨이야?
바보, 배트맨이야!
☺ 광기의 ⇨ 매니액

왜 스트레스 받는지 **분명히** 말해볼래?
맨 앞에 앉으면 스트레스 받아요.
☺ 분명히 ⇨ 매너페스트

2305 위엄 있는	2306 주요한	2307 만들다

① ② ③ ④ ⑤	① ② ③ ④ ⑤	① ② ③ ④ ⑤

2308 남자다운	2309 볼꼴 사나운	2310 적의

① ② ③ ④ ⑤	① ② ③ ④ ⑤	① ② ③ ④ ⑤

2311 영양 부족	2312 포유동물	2313 해내다

① ② ③ ④ ⑤	① ② ③ ④ ⑤	① ② ③ ④ ⑤

2314 명령의	2315 광기의	2316 분명히

① ② ③ ④ ⑤	① ② ③ ④ ⑤	① ② ③ ④ ⑤

No.	단어	①	②		뜻	①	②
2305	majestic [mədʒéstik]	①	②		위엄 있는, 당당한, 고상한	①	②
		③	④			③	④
2306	major [méidʒər]	①	②		큰 쪽의, 주요한, 전공하다	①	②
		③	④			③	④
2307	make [meik]	①	②		만들다, ~하(되)게 하다	①	②
		③	④			③	④
2308	male [meil]	①	②		남성(의), 남자다운	①	②
		③	④			③	④
2309	malformed [mælfɔ́:rmd]	①	②		기형의, 볼꼴 사나운, 흉하게 생긴	①	②
		③	④			③	④
2310	malice [mǽlis]	①	②		악의, 적의	①	②
		③	④			③	④
2311	malnutrition [mælnjuːtríʃ-ən]	①	②		영양실조, 영양 부족	①	②
		③	④			③	④
2312	mammal [mǽməl]	①	②		포유동물	①	②
		③	④			③	④
2313	manage [mǽnidʒ]	①	②		다루다, 관리하다, 해내다	①	②
		③	④			③	④
2314	mandatory [mǽndətɔ̀:ri]	①	②		명령의, 의무적인	①	②
		③	④			③	④
2315	maniac [méiniæ̀k]	①	②		미친, 광기의, 애호가	①	②
		③	④			③	④
2316	manifest [mǽnəfest]	①	②		명백한, 명백히 하다, 나타나다, 분명히	①	②
		③	④			③	④

✓ STEP 1

2317 ① ② ③

갖가지의 물건을 팔아?
그 맨(man), 남자는 주로 폴더형
휴대폰만 팔아.
☺ 갖가지의 ⇨ 매너포울드

2318 ① ② ③

비행기 조정 할 때 지각했어?
담배를 많이 피워서 자주
래이트(late)했어.
☺ 조정하다 ⇨ 머니퓨레이트

2319 ① ② ③

저 인간들 표정은 왜 저래?
맨 처음엔 카인드(kind), 친절했어.
☺ 인간 ⇨ 맨카인드

2320 ① ② ③

화장하는 게 풍습인가?
풍습은 아니지만 맨 얼굴은 좀
그렇지.
☺ 풍습 ⇨ 매널

2321 ① ② ③

대저택의 담을 어떻게 넘은 거야?
맨손으로 넘었데.
☺ 대저택 ⇨ 맨션

2322 ① ② ③

동생이 망토를 보고 왜 조르고 있니?
맨들어 달라고 조르고 있어.
☺ 망토 ⇨ 맨틀

2323 ① ② ③

소책자에 있는 메뉴를 고르고, 뭐라고
했니?
메뉴를 고르고, 얼마예요?
☺ 소책자 ⇨ 매뉴얼

2324 ① ② ③

제조업 납품은 힘드니?
메뉴를 수시로 바꾸고 포장 팩도 모두
처리해야해.
☺ 제조업 ⇨ 매녀팩철

2325 ① ② ③

기사의 사본을 구했나요?
매너 좋은 동료가 그 기사를
스크랩해줬어요.
☺ 사본 ⇨ 매녀스크립트

2326 ① ② ③

누가 정원을 망쳐놨어?
말 한 마리가 망쳐놨어.
☺ 망치다 ⇨ 말-

2327 ① ② ③

이 대리석을 옮기려면?
마부를 불러.
☺ 대리석 ⇨ 말-벌

2328 ① ② ③

오늘 행진은 어땠어?
마치 유치원생 소풍 같았어.
☺ 행진 ⇨ 말-취

2317 갖가지의

① ② ③ ④ ⑤

2318 조정하다

① ② ③ ④ ⑤

2319 인간

① ② ③ ④ ⑤

2320 풍습

① ② ③ ④ ⑤

2321 대저택

① ② ③ ④ ⑤

2322 망토

① ② ③ ④ ⑤

2323 소책자

① ② ③ ④ ⑤

2324 제조업

① ② ③ ④ ⑤

2325 사본

① ② ③ ④ ⑤

2326 망치다

① ② ③ ④ ⑤

2327 대리석

① ② ③ ④ ⑤

2328 행진

① ② ③ ④ ⑤

2317	manifold [mǽnəfóuld]	① ② ③ ④		다양한, 다방면의, 갖가지의	① ② ③ ④
2318	manipulate [mənípjuleit]	① ② ③ ④		(기술적으로)조작하다 조종하다, 다루다	① ② ③ ④
2319	mankind [mænkáind]	① ② ③ ④		인간, 인류	① ② ③ ④
2320	manner [mǽnər]	① ② ③ ④		방식, 태도, 풍습, 예의범절	① ② ③ ④
2321	mansion [mǽnʃ-ən]	① ② ③ ④		대저택, 맨션	① ② ③ ④
2322	mantle [mǽntl]	① ② ③ ④		망토, 덮개, 맨틀	① ② ③ ④
2323	manual [mǽnjuəl]	① ② ③ ④		손의, 손으로 하는, 소책자, 편람	① ② ③ ④
2324	manufacture [mænjufǽktʃər]	① ② ③ ④		제조하다, 제조업	① ② ③ ④
2325	manuscript [mǽnjuskrìpt]	① ② ③ ④		원고(의), 사본	① ② ③ ④
2326	mar [maːr]	① ② ③ ④		손상시키다, 망치다, 훼손하다	① ② ③ ④
2327	marble [mɑ́ːrb-əl]	① ② ③ ④		대리석(의), 단단한, 견고한	① ② ③ ④
2328	march [mɑːrtʃ]	① ② ③ ④		행진하다, 행진	① ② ③ ④

✓ STEP 1

2329 ① ② ③

이거 팔면 얼마나 **판매수익**이 생겨요?
이렇게 팔아도 노마진이에요.
☺ 판매수익 ⇨ 말-쥔

2330 ① ② ③

해병대 지원했어?
응, 머린 빡빡 대머리로 밀으래.
☺ 해병대 ⇨ 머리-인

2331 ① ② ③

남편은 항상 틀니를 하니?
밭 매러 갈 때도 틀니는 꼭 해.
☺ 남편의 ⇨ 매러틀

2332 ① ② ③

도둑이 어떤 **흔적**을 남겼어?
'X' 마크를 남겼데.
☺ 흔적 ⇨ 말-크

2333 ① ② ③

멋진 남자와 **결혼하는** 사람은?
메리야.
☺ 결혼하다 ⇨ 매리

2334 ① ② ③

습지에 오줌냄새가 나네?
말들이 거기에 쉬었어.
☺ 습지 ⇨ 말-쉬

2335 ① ② ③

사촌언니를 보고 왜 그리 **놀라니**?
엄마 뻘이라서.
☺ 놀라다 ⇨ 말-벌

2336 ① ② ③

놀라운 일이네, 모자에서 개구리가
나왔네?
마술이야.
☺ 놀라운 ⇨ 말-벌러스

2337 ① ② ③

그 **남성**이 오면 향이 나니?
매번 스쿨에 올 때마다 온 교실에
린스향이 나!
☺ 남성 ⇨ 매스컬린

2338 ① ② ③

잼 만들 때 과일을 어떻게 **짓이겨야**
돼?
매시간 끓이면서 짓이겨야 해.
☺ 짓이기다 ⇨ 매쉬

2339 ① ② ③

마사지 좋아해?
그것도 매일 받으면 사지에 멍들어.
☺ 마사지 ⇨ 머사-쥐

2340 ① ② ③

부피가 큰 물건을 몇 시부터 옮길까?
몇 시부터 옮길지 상의하자.
☺ 부피가 큰 ⇨ 매시브

2329 판매수익	2330 해병대	2331 남편의

① ② ③ ④ ⑤	① ② ③ ④ ⑤	① ② ③ ④ ⑤

2332 흔적	2333 결혼하다	2334 습지

① ② ③ ④ ⑤	① ② ③ ④ ⑤	① ② ③ ④ ⑤

2335 놀라다	2336 놀라운	2337 남성

① ② ③ ④ ⑤	① ② ③ ④ ⑤	① ② ③ ④ ⑤

2338 짓이기다	2339 마사지	2340 부피가 큰

① ② ③ ④ ⑤	① ② ③ ④ ⑤	① ② ③ ④ ⑤

2329	margin [máːrdʒin]	① ② ③ ④		가장자리, 여유, 판매수익	① ② ③ ④
2330	marine [məriːn]	① ② ③ ④		바다의, 선박의, 해병대	① ② ③ ④
2331	marital [mǽrətl]	① ② ③ ④		남편의, 혼인의	① ② ③ ④
2332	mark [mɑːrk]	① ② ③ ④		표, 기호, 흔적(을 남기다)	① ② ③ ④
2333	marry [mǽri]	① ② ③ ④		결혼하다, 결혼시키다	① ② ③ ④
2334	marsh [mɑːrʃ]	① ② ③ ④		습지, 소택지, 늪, (미국방언)초지	① ② ③ ④
2335	marvel [máːrv-əl]	① ② ③ ④		놀라운 일, 놀라다	① ② ③ ④
2336	marvelous [máːrvələs]	① ② ③ ④		놀라운, 경이적인, 멋진	① ② ③ ④
2337	masculine [mǽskjuəlin]	① ② ③ ④		남성의, 남자의, 남자다운, 힘센, 용감한, (여자가) 남자 같은, n. 남자, 남성	① ② ③ ④
2338	mash [mæʃ]	① ② ③ ④		짓이기다, 짓이긴 것	① ② ③ ④
2339	massage [məsáːʒ]	① ② ③ ④		안마, 마사지	① ② ③ ④
2340	massive [mǽsiv]	① ② ③ ④		부피가 큰, 단단한, 대량의	① ② ③ ④

✓ STEP 1

2341 ① ② ③

경매의 **대가**는 어디에 있나요?
물건을 매수하는 터에 가 보세요.

☺ 대가 ⇨ 매스털

2342 ① ② ③

이 **명작**을 그린거야?
마스터(master)가 피스(peace)를
기원하며 그렸어.

☺ 명작 ⇨ 매스털피-스

2343 ① ② ③

경쟁 상대들은 만나면 어때?
만나면 매번 치고받고 싸워!

☺ 경쟁 상대 ⇨ 매취

2344 ① ② ③

결혼 중매자는 몇이 모이면 뭘 자랑
해?
몇이 모이면 메이커 자랑해.

☺ 결혼 중매자 ⇨ 매취메이컬

2345 ① ② ③

방을 같이 쓰는 **동료**를 뭐라고 해?
룸메이트!

☺ 동료 ⇨ 메이트

2346 ① ② ③

내 얼굴에 무슨 **물질**이 묻었니?
뭐가 튀어 니(너) 얼굴에 묻었어!

☺ 물질 ⇨ 머티어리얼

2347 ① ② ③

물질주의라 저 옷 또 살래?
잠깐만! 뭐가 튀어 니 허리 쯤에
묻었어.

☺ 물질주의 ⇨ 머티어리얼리점

2348 ① ② ③

오토바이 탈 때 **어머니**의 말 들어?
모터사이클을 탈 땐 늘 조심하라는
말!

☺ 어머니의 ⇨ 머터-늘

2349 ① ② ③

수학공부 안 하면?
매트위에서 매로 틱! 때릴 거야.

☺ 수학 ⇨ 매써매틱스

2350 ① ② ③

소설에 **기반**을 둔 작품이 뭐가 있지?
영화 매트릭스!

☺ 기반 ⇨ 메이트릭스

2351 ① ② ③

성숙한 언니가 동생에게 뭐라고
말했니?
이까짓 날씨가 뭐가 추워?

☺ 성숙한 ⇨ 머추얼

2352 ① ② ③

할머니가 무슨 커피 드시면서 **격언**을
말해주셨니?
맥심 커피!

☺ 격언 ⇨ 맥심

2341 대가	2342 명작	2343 경쟁 상대
① ② ③ ④ ⑤	① ② ③ ④ ⑤	① ② ③ ④ ⑤

2344 결혼 중매자	2345 동료	2346 물질
① ② ③ ④ ⑤	① ② ③ ④ ⑤	① ② ③ ④ ⑤

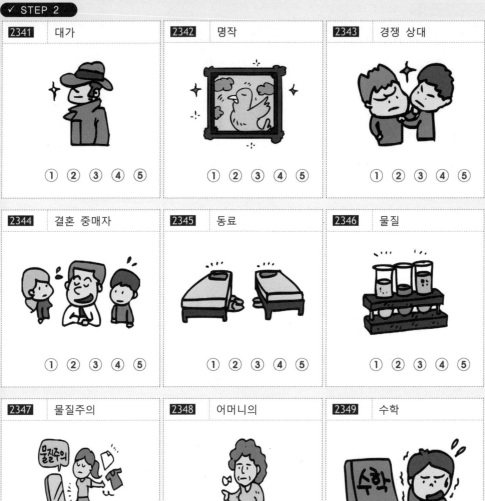

2347 물질주의	2348 어머니의	2349 수학
① ② ③ ④ ⑤	① ② ③ ④ ⑤	① ② ③ ④ ⑤

2350 기반	2351 성숙한	2352 격언
① ② ③ ④ ⑤	① ② ③ ④ ⑤	① ② ③ ④ ⑤

2341	**master** [mǽstər]	① ② ③ ④		주인, 영주, 고용주, 소유자, 임자, 장(長), 가장(家長), 선장, 교장, 대가, 거장	① ② ③ ④		
2342	**masterpiece** [mǽstərpi:s]	① ② ③ ④		걸작, 명작	① ② ③ ④		
2343	**match** [mætʃ]	① ② ③ ④		시합, 경기(game), 대전 상대, 호적수, (성질 따위가) 필적하는(동등한) 사람, 성냥	① ② ③ ④		
2344	**matchmaker** [mǽtʃmèikə:r]	① ② ③ ④		성냥 제조업자, 결혼 중매자	① ② ③ ④		
2345	**mate** [meit]	① ② ③ ④		짝짓기를 하다, 동료, 배우자	① ② ③ ④		
2346	**material** [mətíəriəl]	① ② ③ ④		물질의, 중요한 재료, 소재	① ② ③ ④		
2347	**materialism** [mətí-əriəĺizəm]	① ② ③ ④		유물론, 물질주의	① ② ③ ④		
2348	**maternal** [mətə́:rnl]	① ② ③ ④		어머니의, 모성의	① ② ③ ④		
2349	**mathematics** [mæ̀ɵ-əmǽtiks]	① ② ③ ④		수학	① ② ③ ④		
2350	**matrix** [méitriks]	① ② ③ ④		모체, 기반, (해부) 자궁	① ② ③ ④		
2351	**mature** [mətʃúər]	① ② ③ ④		익은, 성숙한, 심사숙고한, 성숙하다, 어른스러운	① ② ③ ④		
2352	**maxim** [mǽksim]	① ② ③ ④		맥심(남자 이름), 처세훈(訓), 좌우명, 격언, 금언	① ② ③ ④		

✓ STEP 1

2353 ① ② ③

산맥 **최대의** 광경이 어디서 펼쳐졌어?
산맥서 멈춰 돌아보니 펼쳐졌어.
☺ 최대의 ⇨ 맥서멈

2354 ① ② ③

시장이 연설 도중 물을 왜 마셨어?
목이 메여 마셨어.
☺ 시장 ⇨ 메이얼

2355 ① ② ③

풀밭에 소들은 어디 갔어?
이미 말뚝에 매뒀어.
☺ 풀밭 ⇨ 메도우

2356 ① ② ③

스님을 **의미하는** 것이 뭐예요?
머리를 민 것입니다.
☺ 의미하다 ⇨ 민-

2357 ① ② ③

홍역을 고치려면?
거미줄 쳐진 방에서 주사 맞으면 돼.
☺ 홍역 ⇨ 미-절즈

2358 ① ② ③

어깨 **치수** 재고 리본 어디 매 줄까?
옷 뒤에 매줘!
☺ 치수 ⇨ 메절

2359 ① ② ③

치수에 맞게 매지 않았어?
잘 매 주었더니 뭔 트집을 잡아!
☺ 치수 ⇨ 메저먼트

2360 ① ② ③

난 **기계 장치**가 많아 너 좀 가질래?
응, 몇 개니? 좀 나누어 줘!
☺ 기계 장치 ⇨ 메커니점

2361 ① ② ③

개그맨들은 여러 **매체**를 보며 뭘
구상하니?
코미디 아이디어를 구상해.
☺ 매체 ⇨ 미-디어

2362 ① ② ③

회의에서 분쟁의 **조정이 필요해**?
코미디 회의에서 **이토록** 분쟁이
발생해.
☺ 조정하다 ⇨ 미-디에이트

2363 ① ② ③

이거 뼈에 먹는 **약**이야?
응, 뼈마디가 시릴 때 먹는 약이야.
☺ 약 ⇨ 메더선

2364 ① ② ③

중세의 전투복은 어느 프로 볼 때
많이 나와?
코미디 볼 때 많이 나와.
☺ 중세의 ⇨ 미-디-벌

2353 최대의	2354 시장	2355 풀밭
 ① ② ③ ④ ⑤	 ① ② ③ ④ ⑤	 ① ② ③ ④ ⑤
2356 의미하다	2357 홍역	2358 치수
 ① ② ③ ④ ⑤	① ② ③ ④ ⑤	 ① ② ③ ④ ⑤
2359 치수	2360 기계 장치	2361 매체
 ① ② ③ ④ ⑤	 ① ② ③ ④ ⑤	 ① ② ③ ④ ⑤
2362 조정하다	2363 약	2364 중세의
 ① ② ③ ④ ⑤	 ① ② ③ ④ ⑤	 ① ② ③ ④ ⑤

2353	maximum [mǽksəməm]	① ② ③ ④		최대량, 최대의	① ② ③ ④
2354	mayor [méiə:r]	① ② ③ ④		시장, 읍장	① ② ③ ④
2355	meadow [médou]	① ② ③ ④		풀밭, 목초지	① ② ③ ④
2356	mean [mi:n]	① ② ③ ④		의미하다, 뜻하다, ~할 작정이다	① ② ③ ④
2357	measles [mí:z-əlz]	① ② ③ ④		홍역, 풍진	① ② ③ ④
2358	measure [méʒə:r]	① ② ③ ④		치수, 한도, 수단, 재다, 조정하다	① ② ③ ④
2359	measurement [méʒə:rmənt]	① ② ③ ④		측량, 치수	① ② ③ ④
2360	mechanism [mékəniz-əm]	① ② ③ ④		기계(장치), 기구, 구조, 구성,	① ② ③ ④
2361	media [mí:diə]	① ② ③ ④		매체, 매스미디어	① ② ③ ④
2362	mediate [mí:dièit]	① ② ③ ④		(분쟁 등을) 조정(중재)하다, 화해시키다, (선물·정보 등을) 중간에서 전하다	① ② ③ ④
2363	medicine [médəs-ən]	① ② ③ ④		약, 의학, 의술	① ② ③ ④
2364	medieval [mì:díí:v-əl]	① ② ③ ④		중세의, 중세품의	① ② ③ ④

✓ STEP 1

2365 ① ② ③

묵상할 때 꼼짝 않고 있네?
매를 더 때려도 꼼짝 안 해.
☺ 묵상하다 ⇨ 메더테이트

2366 ① ② ③

옷 **중간** 사이즈는 어디 있지?
미디엄사이즈는 중간서랍에 있어.
☺ 중간 ⇨ 미-디엄

2367 ① ② ③

순한 양은 빗물을 지나다가 어떻게 됐어?
미끄러졌어.
☺ 순한 ⇨ 미-크

2368 ① ② ③

기분이 **우울**해?
기분이 멜랑꼴리 할 땐 초콜릿을
먹어봐.
☺ 우울 ⇨ 멜런칼리

2369 ① ② ③

달콤하게 잘 익은 과일은 뭐야?
멜론이야.
☺ 달콤하게 익은 ⇨ 멜로우

2370 ① ② ③

선율이 아름답지?
응, 멜로디가 좋네.
☺ 선율 ⇨ 멜러디

2371 ① ② ③

이 카라멜 **녹일 거야**?
이 카라멜 뜨거운 물에 녹일 거야.
☺ 녹이다 ⇨ 멜트

2372 ① ② ③

기념관에서 **기념물**로 뭘 샀어?
USB 메모리를 얼른 하나 샀어!
☺ 기념물 ⇨ 미모-리얼

2373 ① ② ③

여자 친구 생일은 메모로 **기억해**?
메모한 뒤 서프라이즈 파티를
해주려고.
☺ 기억하다 ⇨ 매머라이즈

2374 ① ② ③

누가 와서 스파이더맨을 **협박하는**
거야?
리쟈드맨이 와서 협박해.
☺ 협박하다 ⇨ 메너스

2375 ① ② ③

수선한 그 바지 누가 만들어 줬어?
엄마가 맨들어 준 거야.
☺ 수선한 ⇨ 멘드

2376 ① ② ③

정신적인 걱정에서 벗어나려면?
메인 틀에서 벗어나야해.
☺ 정신적인 ⇨ 맨털

2365 묵상하다	2366 중간	2367 순한

① ② ③ ④ ⑤	① ② ③ ④ ⑤	① ② ③ ④ ⑤

2368 우울	2369 달콤하게 익은	2370 선율

① ② ③ ④ ⑤	① ② ③ ④ ⑤	① ② ③ ④ ⑤

2371 녹이다	2372 기념물	2373 기억하다

① ② ③ ④ ⑤	① ② ③ ④ ⑤	① ② ③ ④ ⑤

2374 협박하다	2375 수선한	2376 정신적인

① ② ③ ④ ⑤	① ② ③ ④ ⑤	① ② ③ ④ ⑤

2365	**meditate** [médəteit]	① ② ③ ④		심사숙고하다, 묵상하다, 기도하다	① ② ③ ④
2366	**medium** [míːdiəm]	① ② ③ ④		중간, 중위(중등, 중간)의, 보통의, (고기 따위가) 중간 정도로 구워진	① ② ③ ④
2367	**meek** [miːk]	① ② ③ ④		(온)순한, 유화한	① ② ③ ④
2368	**melancholy** [mélənkáli]	① ② ③ ④		우울, 침울	① ② ③ ④
2369	**mellow** [mélou]	① ② ③ ④		달콤하게 익은	① ② ③ ④
2370	**melody** [mélədi]	① ② ③ ④		멜로디, 선율	① ② ③ ④
2371	**melt** [melt]	① ② ③ ④		녹(이)다, 누그러뜨리다	① ② ③ ④
2372	**memorial** [mimɔ́ːriəl]	① ② ③ ④		기념의, 추도의, 기억의, 기념물, 기념비, 기념행사	① ② ③ ④
2373	**memorize** [méməráiz]	① ② ③ ④		기억하다, 암기하다	① ② ③ ④
2374	**menace** [ménəs]	① ② ③ ④		위협, 협박 위협하다	① ② ③ ④
2375	**mend** [mend]	① ② ③ ④		수선하다, 고치다, 개선, 호전하다	① ② ③ ④
2376	**mental** [méntəl]	① ② ③ ④		정신적인, 마음의	① ② ③ ④

✓ STEP 1

2377 ① ② ③

네가 사는 멘션에 대해서 **말해볼래**?
우리 맨션 살기 좋지!
☺ 말하다 ⇨ 멘션

2378 ① ② ③

배트맨에게도 **조언자**가 있니?
배트맨도 단독적으로 행동하지 않아.
☺ 조언자 ⇨ 맨털

2379 ① ② ③

상인이 손님에게 물어 본 것은?
뭘 찾고 있는지.
☺ 상인 ⇨ 멀-천트

2380 ① ② ③

인정을 왜 베풀어 준 겁니까?
뭣이! 은혜를 모르는 군.
☺ 인정 ⇨ 멀-시

2381 ① ② ③

이별이 그리 **단순한** 건 아닌가봐?
아직도 가슴이 미어져.
☺ 단순한 ⇨ 미얼

2382 ① ② ③

언제 회사를 **합병할거야**?
머지않아 할 거야!
☺ 합병하다 ⇨ 멀-쥐

2383 ① ② ③

달이 **정점**에 오르면 어떻게 돼?
머리를 묶은 인디언 소녀가 춤을 춰!
☺ 정점 ⇨ 머리디언

2384 ① ② ③

메리도 **장점**이 많니?
메리도 장점이 많아.
☺ 장점 ⇨ 메리트

2385 ① ② ③

저기 수술 후 **지저분한 상태**로 놓인
건 뭐야?
해부용 칼, 매스(mes)야.
☺ 지저분한 상태 ⇨ 메스

2386 ① ② ③

친구에게 **연락할** 시간에 물어본 건?
지금 몇 시지?
☺ 연락 ⇨ 메시쥐

2387 ① ② ③

피곤해서 만사가 **귀찮은** 거니?
몇 시간만 자!
☺ 귀찮은 ⇨ 메시

2388 ① ② ③

저 친구 때문에 **신진대사**가 힘들어.
뭣해! 저 어리버리 한 친구 좀 내보내.
☺ 신진대사 ⇨ 머태벌리점

2377 말하다	2378 조언자	2379 상인

① ② ③ ④ ⑤	① ② ③ ④ ⑤	① ② ③ ④ ⑤

2380 인정	2381 단순한	2382 합병하다

① ② ③ ④ ⑤	① ② ③ ④ ⑤	① ② ③ ④ ⑤

2383 정점	2384 장점	2385 지저분한 상태

① ② ③ ④ ⑤	① ② ③ ④ ⑤	① ② ③ ④ ⑤

2386 연락	2387 귀찮은	2388 신진대사

① ② ③ ④ ⑤	① ② ③ ④ ⑤	① ② ③ ④ ⑤

2377	**mention** [ménʃən]	① ② ③ ④		언급(하다), 말하다, 진술, 기재	① ② ③ ④
2378	**mentor** [méntər]	① ② ③ ④		현명하고 성실한 조언자, 스승, 은사, 좋은 지도자, (그리스신화) 멘토르	① ② ③ ④
2379	**merchant** [mə́ːrtʃənt]	① ② ③ ④		(무역)상인	① ② ③ ④
2380	**mercy** [mə́ːrsi]	① ② ③ ④		자비, 인정, 행운	① ② ③ ④
2381	**mere** [miər]	① ② ③ ④		단순한, ~에 불과한	① ② ③ ④
2382	**merge** [məːrdʒ]	① ② ③ ④		합병(통합)하다, 혼합되다	① ② ③ ④
2383	**meridian** [mərídiən]	① ② ③ ④		(천문) 자오선, 경선(經線), 정점, 절정, 전성기, 자오선의, 정오의	① ② ③ ④
2384	**merit** [mérit]	① ② ③ ④		장점, 공적	① ② ③ ④
2385	**mess** [mes]	① ② ③ ④		혼란, 지저분한 상태	① ② ③ ④
2386	**message** [mésidʒ]	① ② ③ ④		통신, 연락, 전언, 교서	① ② ③ ④
2387	**messy** [mési]	① ② ③ ④		어질러진, 귀찮은	① ② ③ ④
2388	**metabolism** [mətǽbəlìzəm]	① ② ③ ④		물질대사, 신진대사	① ② ③ ④

✓ STEP 1

2389 ① ② ③

치과에서 매번 **금속니**를 바꾸라고
하네?
매번 그러면, 18k 틀니로 바꿔봐.
☺ 금속 ⇨ 매틀

2390 ① ② ③

괴테가 말한 **유사한 것**들로 이루어진
것은?
메타포.
☺ 유사한 것 ⇨ 매터포-

2391 ① ② ③

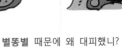

별똥별 때문에 왜 대피했니?
우리 집 밑에 튀어서 황급히 대피
했어.
☺ 별똥별 ⇨ 미-티어

2392 ① ② ③

기상학 1등 할 수 있을까?
성적이 밑이어서 그러기 힘들어.

☺ 기상학 ⇨ 미-티어라러줘

2393 ① ② ③

잘못하면 어떤 **방법**을 써도 된다고
했지?
분명 매를 써도 된다고 했어.
☺ 방법 ⇨ 메써드

2394 ① ② ③

파리 **도시권**의 철도는?
메트로!

☺ 도시권 ⇨ 메트로우

2395 ① ② ③

대도시의 치안은 누가 맡지?
우릴 믿으라, 폴리스(police)가 말했어.
☺ 대도시 ⇨ 미트라펄리스

2396 ① ② ③

대도시가 침략 당했어!
총을 메어들고 빨리 탄약을 장전시켜!
☺ 대도시 ⇨ 메트러팔리턴

2397 ① ② ③

마이크에 **세균**이 그렇게 많다며?
사용 중이던 마이크로부터 발견됐어.
☺ 세균 ⇨ 마이크로웁

2398 ① ② ③

무엇으로 **마이크로** 칩을 부셨어?
마이크로 칩을 콱! 눌러서.

☺ 마이크로 칩 ⇨ 마이크로우췸

2399 ① ② ③

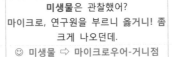

미생물은 관찰했어?
마이크로, 연구원을 부르니 옳거니! 좀
크게 나오던데.
☺ 미생물 ⇨ 마이크로우어-거니점

2400 ① ② ③

현미경 보는 후배한테 뭐라 했어?
마이크로 스카프(scarf) 같이 사러
가자고.
☺ 현미경 ⇨ 마이크로스코우프

2389 금속	2390 유사한 것	2391 별똥별

① ② ③ ④ ⑤	① ② ③ ④ ⑤	① ② ③ ④ ⑤

2392 기상학	2393 방법	2394 도시권

① ② ③ ④ ⑤	① ② ③ ④ ⑤	① ② ③ ④ ⑤

2395 대도시	2396 대도시	2397 세균

① ② ③ ④ ⑤	① ② ③ ④ ⑤	① ② ③ ④ ⑤

2398 마이크로 칩	2399 미생물	2400 현미경

① ② ③ ④ ⑤	① ② ③ ④ ⑤	① ② ③ ④ ⑤

2389	metal [métl]	① ② ③ ④	금속(을 입히다)	① ② ③ ④
2390	metaphor [métəfɔ̀:r]	① ② ③ ④	은유, 유사한 것	① ② ③ ④
2391	meteor [mí:tiər]	① ② ③ ④	유성, 별똥별	① ② ③ ④
2392	meteorology [mì:tiərúlədʒi]	① ② ③ ④	기상학	① ② ③ ④
2393	method [méθəd]	① ② ③ ④	방법, 방식, 질서, 체계	① ② ③ ④
2394	metro [métrou]	① ② ③ ④	도시권의, 행정부(의)	① ② ③ ④
2395	metropolis [mitrápəlis]	① ② ③ ④	주요도시, 대도시, 수도	① ② ③ ④
2396	metropolitan [mètrəpálitan]	① ② ③ ④	수도(권)의, 대도시의	① ② ③ ④
2397	microbe [máikroub]	① ② ③ ④	세균, 미생물	① ② ③ ④
2398	microchip [máikroutʃìp]	① ② ③ ④	마이크로 칩, 반도체	① ② ③ ④
2399	microorganism [màikrouɔ́:rgənìzəm]	① ② ③ ④	미생물	① ② ③ ④
2400	microscope [máikrəskòup]	① ② ③ ④	현미경	① ② ③ ④

✓ STEP 1

2401 ① ② ③

브로커들은 조심해야 해, 알았지?
믿을 맨(man) 하나 없다더니 벌써
튀었어.

☺ 브로커 ⇨ 미들맨

2402 ① ② ③

피라미드 **중앙**에 뭐가 있어?
피라미드 고스트가 있어.

☺ 중앙 ⇨ 밑스트

2403 ① ② ③

미술 **중간고사**는 어떻게 봐?
미술은 텀을 두고 봐.

☺ 중간고사 ⇨ 미드터-엄

2404 ① ② ③

그 **강력한** 힘은 어디서 나와?
마이(my) 티(T-shirt)를 입으면 힘이
세져.

☺ 강력한 ⇨ 마이티

2405 ① ② ③

서울에서 미국까지 **이주하는**데 이틀
걸려?
말이 그래, 이틀이지, 더 걸려.

☺ 이주하다 ⇨ 마이그레이트

2406 ① ② ③

따뜻한 옷을 입으면 좋지?
몇 마일도 거뜬해.

☺ 따뜻한 ⇨ 마일드

2407 ① ② ③

가게 홍보를 위해 **이정표** 옆에 뭘
붙였니?
매일, 포스트를 붙였어.

☺ 이정표 ⇨ 마일포우스트

2408 ① ② ③

중대 지점이 어디야?
몇 마일 더 가면 큰 스톤(돌)이
나온데.

☺ 중대 시점 ⇨ 마일스토운

2409 ① ② ③

군대의 패션은?
밀리터리 룩!

☺ 군대의 ⇨ 밀리테리

2410 ① ② ③

방앗간은 뭐하는 곳이야?
떡도 하고 밀도 빻아줘.

☺ 방앗간 ⇨ 밀

2411 ① ② ③

천년이 지나서 태어난 아기를?
밀레니엄 베이비.

☺ 천년 ⇨ 밀레니엄

2412 ① ② ③

백만 달러는?
밀리언 달러.

☺ 백만 ⇨ 밀리언

89

2401 브로커	2402 중앙	2403 중간고사

① ② ③ ④ ⑤	① ② ③ ④ ⑤	① ② ③ ④ ⑤

2404 강력한	2405 이주하다	2406 따뜻한

① ② ③ ④ ⑤	① ② ③ ④ ⑤	① ② ③ ④ ⑤

2407 이정표	2408 중대 시점	2409 군대의

① ② ③ ④ ⑤	① ② ③ ④ ⑤	① ② ③ ④ ⑤

2410 방앗간	2411 천년	2412 백만

① ② ③ ④ ⑤	① ② ③ ④ ⑤	① ② ③ ④ ⑤

		①	②			①	②
2401	**middleman** [mídlmæ̀n]	③	④		중간 상인, 브로커	③	④
2402	**midst** [midst]	① ③	② ④		중앙, 한창	① ③	② ④
2403	**midterm** [mídtə̀:rm]	① ③	② ④		중간 시점, 중간고사	① ③	② ④
2404	**mighty** [máiti]	① ③	② ④		강력한, 위대한	① ③	② ④
2405	**migrate** [máigreit]	① ③	② ④		이주하다, 이동하다, 퍼지다	① ③	② ④
2406	**mild** [maild]	① ③	② ④		온순한, 따뜻한, 부드러운	① ③	② ④
2407	**milepost** [máilpòust]	① ③	② ④		이정표	① ③	② ④
2408	**milestone** [máilstòun]	① ③	② ④		이정표, 중대 시점	① ③	② ④
2409	**military** [mílitəri]	① ③	② ④		군대의, 육군의	① ③	② ④
2410	**mill** [mil]	① ③	② ④		맷돌, 방앗간, 공장	① ③	② ④
2411	**millennium** [miléniəm]	① ③	② ④		천년	① ③	② ④
2412	**million** [míljən]	① ③	② ④		백만	① ③	② ④

✓ STEP 1

2413 ① ② ③

미미 인형은 사람**처럼 보이지**?
그래서 미미인형이 인기가 많아.
☺ -처럼 보이다 ⇨ 미믹

2414 ① ② ③

마음을 진정시키려면?
마인드 컨트롤이 중요해!
☺ 마음 ⇨ 마인드

2415 ① ② ③

광물 심층수에 많이 함유 된 것은?
미네랄!
☺ 광물 ⇨ 미너럴

2416 ① ② ③

달걀과 기름을 **섞으면**?
미끌미끌 거려.
☺ 섞이다 ⇨ 밍걸

2417 ① ② ③

건물 같은걸 **축소모형**으로 만든걸
뭐라 해?
미니어처라고 해.
☺ 축소모형 ⇨ 미니어쳐

2418 ① ② ③

라디오 볼륨을 **최소로** 줄인 사람은?
민이 어멈.
☺ 최소의 ⇨ 미너멈

2419 ① ② ③

광업 하는 사람은 소득이 많니?
많으니까 돈을 잘 쓰지.
☺ 광업 ⇨ 마이닝

2420 ① ② ③

장관은 옷에 뭘 달았어?
미니(mini) 스타(star), 작은 별을
달았어.
☺ 장관 ⇨ 미니스털

2421 ① ② ③

목사님은 뭘 갖고 오셨어?
미니(mini) 숲에서 **트리**(tree) 나무를
가져 오셨어.
☺ 목사 ⇨ 미니스트리

2422 ① ② ③

프로에서 1류 리그와 **2류** 리그를
어떻게 불러?
메이저리그, 마이너리그!
☺ 2류 ⇨ 마이널

2423 ① ② ③

소수의 선수가 어떻게 선발됐어?
마이너리그에서 눈에 띄어 선발됐어.
☺ 소수 ⇨ 마이노-리티

2424 ① ② ③

미세한 차이로 졌다며?
옆 친구가 미니까 방법 없더라!
☺ 미세한, 분 ⇨ 미니트

2413	-처럼 보이다	2414	마음	2415	광물

2416	섞이다	2417	축소모형	2418	최소의

2419	광업	2420	장관	2421	목사

2422	2류	2423	소수	2424	미세한, 분

① ② ③ ④ ⑤

2413	**mimic** [mímik]	① ② ③ ④		흉내 내다, -처럼 보이다, 모방하다	① ② ③ ④
2414	**mind** [maind]	① ② ③ ④		마음, 지성, 기억(력)	① ② ③ ④
2415	**mineral** [mínərəl]	① ② ③ ④		광물(의)	① ② ③ ④
2416	**mingle** [míŋgl]	① ② ③ ④		섞(이)다, 혼합하다, 사귀다	① ② ③ ④
2417	**miniature** [míniətʃər]	① ② ③ ④		축소모형, 소형의	① ② ③ ④
2418	**minimum** [mínəməm]	① ② ③ ④		최소량, 최소의	① ② ③ ④
2419	**mining** [máiniŋ]	① ② ③ ④		광업, 탐광	① ② ③ ④
2420	**minister** [mínistər]	① ② ③ ④		장관, 성직자	① ② ③ ④
2421	**ministry** [mínistri]	① ② ③ ④		내각, 목사	① ② ③ ④
2422	**minor** [máinər]	① ② ③ ④		보다 작은, 작은 쪽의, 보다 적은 쪽의(smaller, lesser), 중요치 않은, 보다 중요하지 않은, 2류의	① ② ③ ④
2423	**minority** [minɔ́:rəti]	① ② ③ ④		소수, 소수집단, 미성년	① ② ③ ④
2424	**minute** [mínit]	① ② ③ ④		분, 순간, 미세한	① ② ③ ④

✓ STEP 1

2425 ① ② ③

사소한 것도 꼭 메모해?
마이(my) 노트에 다 적었지.

☺ 사소한 ⇨ 마이뉴-트

2426 ① ② ③

거울보고 어떤 **기적**이 일어났니?
미러(mirror)를 봤더니 머리 컬이
생겼어!

☺ 기적 ⇨ 미러컬

2427 ① ② ③

놀랄만한 이야기 해줄까?
미래의 클래스엔 시험이 없다.

☺ 놀랄만한 ⇨ 미래컬러스

2428 ① ② ③

중국 지진으로 **재난**을 가장 많이 겪은
사람은?
미스찬이란 아가씨야.

☺ 재난 ⇨ 미스챈스

2429 ① ② ③

미술 시간에 무엇으로 **장난**쳤니?
미술시간에 짚으로 장난쳤어요.

☺ 장난 ⇨ 미스취프

2430 ① ② ③

불쌍하게 강아지랑 영화 봤다며?
응, '미저리(misery)'를 블라인드 치고
봤어.

☺ 불쌍한 ⇨ 미저러벌

2431 ① ② ③

너의 **비참한 신세**는 내 탓이니?
미안해 미워 저리가!

☺ 비참한 신세 ⇨ 미저리

2432 ① ② ③

포춘 쿠키 먹다 **불행한 일** 있었어?
미스 김이 포춘 쿠키 먹다 목에
걸렸대.

☺ 불행한 일 ⇨ 미스포-천

2433 ① ② ③

여행지를 **잘못 인도한** 사람이 또
있나요?
미스 리두(도) 그랬어요.

☺ 잘못 인도하다 ⇨ 미슬리-드

2434 ① ② ③

스스로 목표를 찾아 **날아가는 무기**는?
미사일

☺ 날아가는 무기 ⇨ 미설

2435 ① ② ③

선교사의 **임무**가 뭐야?
선교할 미션으로 한국에 와.

☺ 임무 ⇨ 미션

2436 ① ② ③

안개 속에서 뭘 마시고 있니?
미숫가루.

☺ 안개 ⇨ 미스트

2425 사소한	2426 기적	2427 놀랄만한

① ② ③ ④ ⑤	① ② ③ ④ ⑤	① ② ③ ④ ⑤

2428 재난	2429 장난	2430 불쌍한

① ② ③ ④ ⑤	① ② ③ ④ ⑤	① ② ③ ④ ⑤

2431 비참한 신세	2432 불행한 일	2433 잘못 인도하다

① ② ③ ④ ⑤	① ② ③ ④ ⑤	① ② ③ ④ ⑤

2434 날아가는 무기	2435 임무	2436 안개

① ② ③ ④ ⑤	① ② ③ ④ ⑤	① ② ③ ④ ⑤

2425	minute [mainjúːt]	① ② ③ ④		아주 작은, 사소한, 하찮은	① ② ③ ④
2426	miracle [mírəkəl]	① ② ③ ④		기적, 경이	① ② ③ ④
2427	miraculous [mirǽkjuləs]	① ② ③ ④		기적적인, 놀랄만한	① ② ③ ④
2428	mischance [mistʃǽns]	① ② ③ ④		불운, 재난	① ② ③ ④
2429	mischief [mistʃif]	① ② ③ ④		해악, 악영향, 장난	① ② ③ ④
2430	miserable [mízərəbəl]	① ② ③ ④		불쌍한, 가엾은, 초라한	① ② ③ ④
2431	misery [mízəri]	① ② ③ ④		불행, 비참한 신세	① ② ③ ④
2432	misfortune [misfɔ́ːrtʃən]	① ② ③ ④		불운, 불행한 일	① ② ③ ④
2433	mislead [mislíːd]	① ② ③ ④		잘못 인도하다	① ② ③ ④
2434	missile [mísəl/-sail]	① ② ③ ④		미사일, 날아가는 무기	① ② ③ ④
2435	mission [míʃən]	① ② ③ ④		임무, 사명, 선교, 사절단	① ② ③ ④
2436	mist [mist]	① ② ③ ④		안개, 흐림	① ② ③ ④

2432 포춘쿠키의 뜻은? 포춘은 영어로 행운을 뜻합니다. 포춘쿠키를 반으로 조개면 종이가 있는데 거기에 행운의 글귀가 씌어져 있어 포춘 쿠키라고 합니다.

✓ STEP 1

2437 ① ② ③

사고를 유발한 **의혹**이 들지?
지금 미스 박이 트럭을 운전했다는
조서를 쓰고 있대.
☺ 의혹 ⇨ 미스트러스트

2438 ① ② ③

여러 가지 재료를 **섞어 만드는**
주방기구는?
믹서기!
☺ 섞다 ⇨ 믹스

2439 ① ② ③

뭘 도둑맞아서 **신음하고** 있니?
평생 모은 재산.
☺ 신음하다 ⇨ 모운

2440 ① ② ③

이동성이 있는 장난감으로 뭐가 있니?
모빌이 있어요.
☺ 이동성이 있는 ⇨ 모우블

2441 ① ② ③

발표 끝나자 왜 친구들이 **조롱했어?**
막 끝낸 발표가 엉망이라서.
☺ 조롱하다 ⇨ 마크

2442 ① ② ③

요즘 **유행**하는 디자인이 뭐야?
올해는 모두 복고풍.
☺ 유행 ⇨ 모우드

2443 ① ② ③

노래 부르기 **알맞은** 속도는?
모데라토.
☺ 알맞은 ⇨ 마더레이트

2444 ① ② ③

엄마가 빠진 이에 **알맞게** 끼웠니?
마덜(mother)이 빠진 이에 틀니를
끼웠어.
☺ 알맞게 ⇨ 마더리틀리

2445 ① ② ③

현대의 최고 아티스트 상을 수상한
가수는?
마돈나.
☺ 현대의 ⇨ 마던

2446 ① ② ③

그녀의 **겸손한** 언행은?
말 한마디, 한마디, 스트레스를 주지
않아.
☺ 겸손한 ⇨ 마디스트

2447 ① ② ③

답안지는 다 **수정했니?**
네, 마더(mother), 이제 파이 구워
주세요.
☺ 수정하다 ⇨ 마더파이

2448 ① ② ③

비가 많은 싱가폴에서 뭐했어?
모이기전에 스님들이랑 트위터 했어.
☺ 비가 많은 ⇨ 모이스트

2437	의혹

① ② ③ ④ ⑤

2438	섞다

① ② ③ ④ ⑤

2439	신음하다

① ② ③ ④ ⑤

2440	이동성이 있는

① ② ③ ④ ⑤

2441	조롱하다

① ② ③ ④ ⑤

2442	유행

① ② ③ ④ ⑤

2443	알맞은

① ② ③ ④ ⑤

2444	알맞게

① ② ③ ④ ⑤

2445	현대의

① ② ③ ④ ⑤

2446	겸손한

① ② ③ ④ ⑤

2447	수정하다

① ② ③ ④ ⑤

2448	비가 많은

① ② ③ ④ ⑤

2437	**mistrust** [mistrʌst]	① ② ③ ④		불신, 의혹	① ② ③ ④
2438	**mix** [miks]	① ② ③ ④		(둘 이상의 것을)섞다, 혼합하다, 첨가하다, 섞어 만들다	① ② ③ ④
2439	**moan** [moun]	① ② ③ ④		신음소리, 신음하다, 슬퍼함	① ② ③ ④
2440	**mobile** [móubi(:)l]	① ② ③ ④		이동성이 있는, 변하기 쉬운	① ② ③ ④
2441	**mock** [mak]	① ② ③ ④		조롱하다, 흉내 내다, 가짜의	① ② ③ ④
2442	**mode** [moud]	① ② ③ ④		양식, 유행	① ② ③ ④
2443	**moderate** [má-d-ərèit]	① ② ③ ④		절제하는, 알맞은, 보통의	① ② ③ ④
2444	**moderately** [mád-əritli]	① ② ③ ④		적당하게, 삼가서, 알맞게, 중간 정도로	① ② ③ ④
2445	**modern** [mádə:rn]	① ② ③ ④		현대의, 근대의, 현대인	① ② ③ ④
2446	**modest** [mádist]	① ② ③ ④		겸손한, 온건한, 절도 있는	① ② ③ ④
2447	**modify** [mádəfai]	① ② ③ ④		수정하다, 조절하다, 수식하다	① ② ③ ④
2448	**moist** [mɔist]	① ② ③ ④		습기 있는, 비가 많은, 눈물어린	① ② ③ ④

2440 모빌이란 정교하게 균형을 맞추어 매달아 놓은 부품들이 바람의 흐름이나 동력에 따라 움직이도록 만든 조각품을 말한다.
2443 모데라토: 4분음표 한박자를 1분에 메트로놈 빠르기로 88번 박자를 움직인다는 뜻으로 보통빠르기입니다

✓ STEP 1

2449 ① ② ③

수분이 부족하면 무슨 크림 바르면
돼?
모이스쳐크림 바르면 돼.
☺ 수분 ⇨ 모이스철

2450 ① ② ③

빵에 **곰팡이**가 피었는데 한번
먹어볼래?
뭐? 드러워!
☺ 곰팡이 ⇨ 모울드

2451 ① ② ③

두더지가 왜 땅을 파?
먹을 걸 **모을**(모으기 위한) 땅굴
만들려고 하는 거지.
☺ 두더지 ⇨ 모울

2452 ① ② ③

마녀와 드라큐라는 혈액 **분자**가 같니?
마녀와 드러큐라는 혈액분자가 달라.

☺ 분자 ⇨ 말러큘-

2453 ① ② ③

교통사고 **순간의** 위험을 알리는
영화는?
사고 장면을 모은 다큐먼터리.
☺ 순간의 ⇨ 모우먼테리

2454 ① ② ③

끊기 **쉽지 않은** 중독성이 있는
사탕은?
모회사에서 나온 멘토스(사탕류)야.
☺ 쉽지 않은 ⇨ 모우멘터스

2455 ① ② ③

모나코는 **군주정치**인가?
모나코는 입헌 군주제야.
☺ 군주정치 ⇨ 마너키

2456 ① ② ③

수도원에 치료하러 오는 사람들 많니?
많어, 히스테리를 치료하러 와.
☺ 수도원 ⇨ 마너스테리

2457 ① ② ③

무엇으로 공부하는 학생들을 **감시해**?
모니터로.
☺ 감시하다 ⇨ 마니털

2458 ① ② ③

수도사의 개는 어떻게 짖어?
멍멍 크게 짖어.

☺ 수도사 ⇨ 멍크

2459 ① ② ③

난 **하나의 언어**를 사용해.
뭐 너, 잉글리쉬(영어) 외에 다른 언어
사용 못하니?
☺ 하나의 언어를 사용하는 ⇨
모노링규얼

2460 ① ② ③

너 연극에서 **혼자 하는 대사**가 뭐야?
가방에 뭐 넣으려구? 이거 하나야.
☺ 혼자 하는 대사 ⇨ 마너러-그

2449 수분	2450 곰팡이	2451 두더지

① ② ③ ④ ⑤	① ② ③ ④ ⑤	① ② ③ ④ ⑤

2452 분자	2453 순간의	2454 쉽지 않은

① ② ③ ④ ⑤	① ② ③ ④ ⑤	① ② ③ ④ ⑤

2455 군주정치	2456 수도원	2457 감시하다

① ② ③ ④ ⑤	① ② ③ ④ ⑤	① ② ③ ④ ⑤

2458 수도사	2459 하나의 언어를 사용하는	2460 혼자 하는 대사

① ② ③ ④ ⑤	① ② ③ ④ ⑤	① ② ③ ④ ⑤

No.	Word	①	②		Meaning	①	②
2449	**moisture** [mɔ́istʃər]	①	②		습기, 수분	①	②
		③	④			③	④
2450	**mold** [mould]	①	②		형성하다, 틀, 유형, 곰팡이	①	②
		③	④			③	④
2451	**mole** [moul]	①	②		점, 두더지, 방파제	①	②
		③	④			③	④
2452	**molecule** [máləjkúːl]	①	②		분자, 미분자	①	②
		③	④			③	④
2453	**momentary** [móuməntɛ̀(ː)ri]	①	②		순간의, 시시각각의, 잠깐의	①	②
		③	④			③	④
2454	**momentous** [mouméntəs]	①	②		중요한, 쉽지 않은	①	②
		③	④			③	④
2455	**monarchy** [mánərki]	①	②		군주정치, 군주제	①	②
		③	④			③	④
2456	**monastery** [mánəstèri]	①	②		수도원	①	②
		③	④			③	④
2457	**monitor** [mánitər]	①	②		충고자, 모니터, 학급 위원, 감시하다	①	②
		③	④			③	④
2458	**monk** [mʌŋk]	①	②		수(도)사	①	②
		③	④			③	④
2459	**monolingual** [mànəlíŋgwəl]	①	②		하나의 언어를 사용하는	①	②
		③	④			③	④
2460	**monologue** [mánəlɔ̀ːg]	①	②		독백, 혼자 하는 대사	①	②
		③	④			③	④

✓ STEP 1

2461 ① ② ③

나폴리에서 이 상품을 **독점**판매 한데.
뭐? 나폴리에서?

☺ 독점 ⇨ 머나펄리

2462 ① ② ③

춤이 **지루한** 느낌이 들지 않니?
모노 연기처럼 하고 싶은데 **턴도** 없어.

☺ 지루한 ⇨ 머나터너스

2463 ① ② ③

귀여운 **괴물**이 나오는 만화는?
포켓몬스터.

☺ 괴물 ⇨ 만스털

2464 ① ② ③

아버님 **매달** 드리는 용돈입니다.
내가 뭔 쓸 일이 있다고 이렇게 많이
주니.

☺ 매달 ⇨ 만쓸리

2465 ① ② ③

기념비 앞에 식당으로 가서 밥 먹자?
식당에 **메뉴**도 많다! 어서 골라.

☺ 기념비 ⇨ 마녀먼트

2466 ① ② ③

그녀의 생일인데 **분위기**가 영 꽝이네?
와인 한잔하며 **무드**를 잡아야겠어.

☺ 분위기 ⇨ 무-드

2467 ① ② ③

자루걸레로 여길 다 닦아야해?
맙소사!

☺ 자루걸레질 하다 ⇨ 마프

2468 ① ② ③

도덕의 기본은?
부모를 잘 공경하는 것.

☺ 도덕의 ⇨ 모럴

2469 ① ② ③

사기를 어떻게 북돋아 주지?
이 **모랠**(모래를) 지나면 식당이라고
해.

☺ 사기 ⇨ 모우랠

2470 ① ② ③

내 영화가 **불건전한** 영화로 판명이
났어.
무비(movie)두 모르는 사람들이네.

☺ 불건전한 ⇨ 모-비드

2471 ① ② ③

닭에게 **치명적인** 상태란?
닭의 목을 비틀면 치명적이야.

☺ 치명적인 ⇨ 모-틀

2472 ① ② ③

이끼로 덮여있는 땅은?
집터로 못 쓰는 땅입니다.

☺ 이끼 ⇨ 모-스

2461 독점	2462 지루한	2463 괴물

① ② ③ ④ ⑤	① ② ③ ④ ⑤	① ② ③ ④ ⑤

2464 매달	2465 기념비	2466 분위기

① ② ③ ④ ⑤	① ② ③ ④ ⑤	① ② ③ ④ ⑤

2467 자루걸레질 하다	2468 도덕의	2469 사기

① ② ③ ④ ⑤	① ② ③ ④ ⑤	① ② ③ ④ ⑤

2470 불건전한	2471 치명적인	2472 이끼

① ② ③ ④ ⑤	① ② ③ ④ ⑤	① ② ③ ④ ⑤

2461	monopoly [mənápəli]	① ② ③ ④		독점, 전매(품)	① ② ③ ④
2462	monotonous [mənátənəs]	① ② ③ ④		단조로운, 변화 없는, 지루한	① ② ③ ④
2463	monster [mάnstər]	① ② ③ ④		괴물, 거대한 사람	① ② ③ ④
2464	monthly [mΛnθli]	① ② ③ ④		매달의, 한 달 동안의	① ② ③ ④
2465	monument [mάnjumənt]	① ② ③ ④		기념비, 기념물	① ② ③ ④
2466	mood [mu:d]	① ② ③ ④		(일시적인) 기분, 마음가짐, (세상 일반의) 분위기, 풍조, 씨무룩함, 우울, 짜증, (고어) 노여움	① ② ③ ④
2467	mop [map]	① ② ③ ④		자루걸레(질 하다)	① ② ③ ④
2468	moral [mɔ́(:)r-əl]	① ② ③ ④		도덕(상)의, 정신적인	① ② ③ ④
2469	morale [mouræl]	① ② ③ ④		사기, 의욕	① ② ③ ④
2470	morbid [mɔ́:rbid]	① ② ③ ④		병적인, 불건전한, 병의	① ② ③ ④
2471	mortal [mɔ́:rtəl]	① ② ③ ④		죽을 운명의, 인간의, 치명적인	① ② ③ ④
2472	moss [mɔ(:)s]	① ② ③ ④		이끼(로 덮다)	① ② ③ ④

✓ STEP 1

2473　① ② ③

사진 찍게 **동작**을 취해 보세요.
한 모션만 취해주세요.

☺ 동작 ⇨ 모우션

2474　① ② ③

어디를 가야 나에게 **동기를 줄 수**
있을까?
뭐! 티벳에 가보는 건 어때.

☺ 동기를 주다 ⇨ 모우티베이트

2475　① ② ③

범행 **동기**는 TV에서 얻었어요.
뭐? TV 보고 얻었다고?

☺ 동기 ⇨ 모우티브

2476　① ② ③

오토바이는?
모터가 달린 바이크(bike).

☺ 오토바이 ⇨ 모우터바이크

2477　① ② ③

오토바이 웬 거야?
선물 받은 모터사이클이야.

☺ 오토바이 ⇨ 모우터사이클

2478　① ② ③

뭘 먹으면서 **좌우명**을 생각해 봤니?
토마토.

☺ 좌우명 ⇨ 마토우

2479　① ② ③

유적지 **흙무덤**에서 나온 건?
마흔두 안된 유골.

☺ 흙무덤 ⇨ 마운드

2480　① ② ③

산에 **오르면** 마음이 어때?
마음이 트여.

☺ 오르다 ⇨ 마운트

2481　① ② ③

산에서 무엇이 돌아왔다고?
내가 빼앗기고 마음을 태운 보물이
돌아왔어.

☺ 산 ⇨ 마운턴

2482　① ② ③

저 사람은 왜 **슬퍼하고** 있어?
모은 돈을 다 날려버렸어.

☺ 슬퍼하다 ⇨ 모-은

2483　① ② ③

빠르게 **움직이는** 전쟁 영화에서 항상
나오는 말 있잖아?
무브! 무브!

☺ 움직이다 ⇨ 무-브

2484　① ② ③

활동이 활발한 가수는?
무브먼트 가수.

☺ 활동 ⇨ 무-브먼트

2473 동작	2474 동기를 주다	2475 동기

① ② ③ ④ ⑤	① ② ③ ④ ⑤	① ② ③ ④ ⑤

2476 오토바이	2477 오토바이	2478 좌우명

① ② ③ ④ ⑤	① ② ③ ④ ⑤	① ② ③ ④ ⑤

2479 흙무덤	2480 오르다	2481 산

① ② ③ ④ ⑤	① ② ③ ④ ⑤	① ② ③ ④ ⑤

2482 슬퍼하다	2483 움직이다	2484 활동

① ② ③ ④ ⑤	① ② ③ ④ ⑤	① ② ③ ④ ⑤

2473	**motion** [móuʃ-ən]	① ② ③ ④		운동, 동작, 동의	① ② ③ ④
2474	**motivate** [móutiveit]	① ② ③ ④		동기를 주다, 자극하다	① ② ③ ④
2475	**motive** [móutiv]	① ② ③ ④		동기, 주제, 제재	① ② ③ ④
2476	**motorbike** [móutə:rbàik]	① ② ③ ④		(소형)오토바이	① ② ③ ④
2477	**motorcycle** [móutə:rsàikl]	① ② ③ ④		오토바이(를 타다)	① ② ③ ④
2478	**motto** [mátou]	① ② ③ ④		모토, 표어, 격언, 좌우명	① ② ③ ④
2479	**mound** [maund]	① ② ③ ④		둑, 제방, 흙무덤, 작은 언덕, 작은 산, 산더미처럼 쌓아올린 것, (야구)투수판 ~에 둑을 쌓다	① ② ③ ④
2480	**mount** [maunt]	① ② ③ ④		오르다, 올라가다, 타다, 올라타다, 걸터앉다.	① ② ③ ④
2481	**mountain** [máunt-ən]	① ② ③ ④		산, 산악, 다수, 다량	① ② ③ ④
2482	**mourn** [mɔːrn]	① ② ③ ④		슬퍼하다, 한탄하다, 애도하다	① ② ③ ④
2483	**move** [muːv]	① ② ③ ④		움직이다, 감동시키다	① ② ③ ④
2484	**movement** [múːvmənt]	① ② ③ ④		움직임, 운동, 활동	① ② ③ ④

✓ STEP 1

2485 ① ② ③

잡초는 왜 베니?
모 심으려고.
☺ 풀을 베다 ⇨ 모우

2486 ① ② ③

진흙으로 만든 팩은?
머드팩!
☺ 진흙의 ⇨ 머디

2487 ① ② ③

저 사람 여러 나라 말을 하네?
뭘~ 티 나게 잉글리시, 중국어,
일본어, 등등.
☺ 여러 언어를 하는 ⇨
멀티링규얼

2488 ① ② ③

다중 매체를 다룰 수 있는 기기를?
멀티미디어 기기라고 해.
☺ 다중 매체 ⇨ 멀티미-디어

2489 ① ② ③

다양한 영화를 한곳에서 볼 수 있는
영화관?
멀티플렉스 영화관.
☺ 다양한 ⇨ 멀터펄

2490 ① ② ③

파리들이 빠른 속도로 번식하고 있네?
뭘 항상 티 나게 플라이(fly) 번식해.
☺ 번식시키다 ⇨ 멀티플라이

2491 ① ② ③

일반 대중은 수영장에서 어떻게 놀아?
멀티로 튜브(tube)를 이용해서 놀아.
☺ 일반 대중 ⇨ 멀티튜-드

2492 ① ② ③

우물우물 씹는 것이 풍선껌이니?
뭔 버블(bubble gum) 풍선껌을
씹는다고 그래요.
☺ 우물우물 씹다 ⇨ 멈블

2493 ① ② ③

미라는 몸이 어떻게 되어 있어?
몸이 붕대로 감겨져 있어.
☺ 미라 ⇨ 머미

2494 ① ② ③

벽의 저 그림 어때?
저 이상한 액자는 뭐 하러 걸어놨니?
☺ 벽의 ⇨ 뮤어럴

2495 ① ② ③

살인을 하려고 했던 흉기는?
그게 머던(뭐던) 증거물로 모두 가져 와.
☺ 살인 ⇨ 머-덜

2496 ① ② ③

넌 계속 불평을 하네?
뭐, 뭐? 네가 무슨 상관이야?
☺ 불평 ⇨ 머-멀

2485 풀을 베다	2486 진흙의	2487 여러 언어를 하는
① ② ③ ④ ⑤	① ② ③ ④ ⑤	① ② ③ ④ ⑤

2488 다중 매체	2489 다양한	2490 번식시키다
① ② ③ ④ ⑤	① ② ③ ④ ⑤	① ② ③ ④ ⑤

2491 일반 대중	2492 우물우물 씹다	2493 미라
① ② ③ ④ ⑤	① ② ③ ④ ⑤	① ② ③ ④ ⑤

2494 벽의	2495 살인	2496 불평
① ② ③ ④ ⑤	① ② ③ ④ ⑤	① ② ③ ④ ⑤

2485	mow [mou]	① ② ③ ④		(풀 등을) 베다	① ② ③ ④
2486	muddy [mʌ́di]	① ② ③ ④		진흙의, 흐린, 멍한	① ② ③ ④
2487	multilingual [mʌ̀ltilíŋgwəl]	① ② ③ ④		여러 언어를 하는, 여러 언어로 쓰인	① ② ③ ④
2488	multimedia [mʌ̀ltimí:diə]	① ② ③ ④		다중 매체	① ② ③ ④
2489	multiple [mʌ́ltəp-əl]	① ② ③ ④		복합의, 복식의, 다수의, 다양한, 복잡한	① ② ③ ④
2490	multiply [mʌ́ltiplai]	① ② ③ ④		늘리다, 증가시키다, 번식시키다, 곱하다(by), 늘다, 증가하다, 배가하다, 증식, 곱셈하다.	① ② ③ ④
2491	multitude [mʌ́ltitju:d]	① ② ③ ④		다수 군중, 일반 대중	① ② ③ ④
2492	mumble [mʌ́mbl]	① ② ③ ④		중얼거리다, 우물우물 씹다	① ② ③ ④
2493	mummy [mʌ́mi]	① ② ③ ④		미라, 말라빠진 사람	① ② ③ ④
2494	mural [mjú-ərəl]	① ② ③ ④		벽의, 벽 위의	① ② ③ ④
2495	murder [mə́:rdə:r]	① ② ③ ④		살인, 살해하다	① ② ③ ④
2496	murmur [mə́:rmər]	① ② ③ ④		중얼거림, 불평, 속삭이다, 불평하다	① ② ③ ④

✓ STEP 1

2497 ① ② ③

근육을 키워서 뭐하게?
멋을 부리게.
☺ 근육 ⇨ 머설

2498 ① ② ③

콧수염 기른 남자가 뭘 한다고?
저 **머스마**(남자)가 대쉬를 한 대.
☺ 콧수염 ⇨ 머스태쉬

2499 ① ② ③

그 **변종** 된 동물은 어디서 왔어?
물에서.
☺ 변종 ⇨ 뮤-테이션

2500 ① ② ③

혼자 **중얼거리는** 사람 누구야?
머털 도사!
☺ 중얼거리다 ⇨ 머털

2501 ① ② ③

양고기로 스프도 만들어?
뭐든 만들 수 있어.
☺ 양고기 ⇨ 머튼

2502 ① ② ③

상호간의 체온 유지를 위해 꼭 껴안고
있는 이유는?
날씨가 **무지 추워서**
☺ 상호간의 ⇨ 뮤-츄얼

2503 ① ② ③

무수한 사람들이 점을 보려고 찾아와?
서울 **미아리**에두 많이 와.
☺ 무수한 ⇨ 미리어드

2504 ① ② ③

이상한 병에 걸린 미스 김, 상태는?
미스 김의 머리 **털**이 없어져 버렸어.
☺ 이상한 ⇨ 미스티어리어스

2505 ① ② ③

신비의 이야기만 다루는 채널은?
미스터리 채널이야.
☺ 신비 ⇨ 미스터리

2506 ① ② ③

그리스 **신화**를 믿어요?
당신은 다 믿수(믿소)?
☺ 신화 ⇨ 미쓰

2507 ① ② ③

신화집을 어떻게 쌓을까?
미끄러지거나 쏠리지 않게 쌓아!
☺ 신화집 ⇨ 미쌀러쥐

2508 ① ② ③

 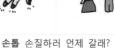

손톱 손질하러 언제 갈래?
내일 가!
☺ 손톱 ⇨ 네일

2497 근육	2498 콧수염	2499 변종

① ② ③ ④ ⑤ ① ② ③ ④ ⑤ ① ② ③ ④ ⑤

2500 중얼거리다	2501 양고기	2502 상호간의

① ② ③ ④ ⑤ ① ② ③ ④ ⑤ ① ② ③ ④ ⑤

2503 무수한	2504 이상한	2505 신비

① ② ③ ④ ⑤ ① ② ③ ④ ⑤ ① ② ③ ④ ⑤

2506 신화	2507 신화집	2508 손톱

① ② ③ ④ ⑤ ① ② ③ ④ ⑤ ① ② ③ ④ ⑤

2497	muscle [mʌsl]	① ② ③ ④		근육, 완력	① ② ③ ④
2498	mustache [mʌ́stæʃ]	① ② ③ ④		콧수염	① ② ③ ④
2499	mutation [mjuːtéiʃ-ən]	① ② ③ ④		변화, 변천, 변종	① ② ③ ④
2500	mutter [mʌ́tər]	① ② ③ ④		투덜거리다, 불평하다, 중얼거림	① ② ③ ④
2501	mutton [mʌ́tn]	① ② ③ ④		양고기	① ② ③ ④
2502	mutual [mjúːtʃuəl]	① ② ③ ④		서로의, 상호관계가 있는, 공동의, 공통의, 상호 부조, 상호 존경, 상호간의, 공통의	① ② ③ ④
2503	myriad [míriəd]	① ② ③ ④		무수한, 만(숫자), 무수	① ② ③ ④
2504	mysterious [misti-əriəs]	① ② ③ ④		신비로운, 원인 불명의, 이상한	① ② ③ ④
2505	mystery [míst-əri]	① ② ③ ④		신비, 괴기	① ② ③ ④
2506	myth [miθ]	① ② ③ ④		신화, 꾸며낸 이야기	① ② ③ ④
2507	mythology [miθɑ́lədʒi]	① ② ③ ④		신화, 신화집	① ② ③ ④
2508	nail [neil]	① ② ③ ④		손(발)톱, 못, 징	① ② ③ ④

✓ STEP 1

2509 ① ② ③

누가 **벌거벗은** 채로 다녀?
내의도 안 입겠다고 떼쓰는 저 키드(kid).
☺ 벌거벗은 ➡ 네이키드

2510 ① ② ③

낮잠 자고 있는 동생 괴롭힐까?
괴롭히지 말고 냅둬.
☺ 낮잠 ➡ 냅

2511 ① ② ③

날씨가 **자기중심적**으로 바뀌는 이유?
날씨는 시즌(season)따라 달라서 그래.
☺ 자기중심적 ➡ 날씨시점

2512 ① ② ③

상점 앞에서 **이야기하고** 있는 사람은
누구야?
내레이터 모델이야.
☺ 이야기하다 ➡ 내레이트

2513 ① ② ③

학교 뒤 **좁은** 골목길에 언제 모여?
낼 오후에.

☺ 좁은 ➡ 내로우

2514 ① ② ③

불쾌한 기분이 드는 이유는?
내 머리숱이 너무 많아서 그래.

☺ 불쾌한 ➡ 내스티

2515 ① ② ③

민족주의 사상을 전파하는 방법은?
기부금을 내서 멀리 좀 전파하면 돼.

☺ 민족주의 ➡ 내셔널리점

2516 ① ② ③

당신 어느 나라 **국민**이요?
어느 내이션(나라)인지 알리기 위해 티
입었잖아!
☺ 국민 ➡ 내셔널러티

2517 ① ② ③

초능력을 **타고난** 사람은 문제를
해결하겠지?
내 친구 이티(E.T)한테 부탁하면 돼.
☺ 타고난 ➡ 네이티브

2518 ① ② ③

장난꾸러기 동생이 누나의 치맛자락을
붙잡고 어떻게 하고 있어?
놓지 않아.
☺ 장난꾸러기 ➡ 노-티

2519 ① ② ③

비행기 **조종하는** 아빠 봤어?
방금 네 애비가 저 게이트(gate)로
가더라.
☺ 조종하다 ➡ 내비게이트

2520 ① ② ③

항해 중에 뭘 보면 안돼?
네비게이션으로 TV보면 안돼.

☺ 항해 ➡ 내버게이션

2509 벌거벗은
① ② ③ ④ ⑤

2510 낮잠
① ② ③ ④ ⑤

2511 자기중심적
① ② ③ ④ ⑤

2512 이야기하다
① ② ③ ④ ⑤

2513 좁은
① ② ③ ④ ⑤

2514 불쾌한
① ② ③ ④ ⑤

2515 민족주의
① ② ③ ④ ⑤

2516 국민
① ② ③ ④ ⑤

2517 타고난
① ② ③ ④ ⑤

2518 장난꾸러기
① ② ③ ④ ⑤

2519 조종하다
① ② ③ ④ ⑤

2520 항해
① ② ③ ④ ⑤

2509	naked [néikid]	① ② ③ ④		벌거벗은, 적나라한	① ② ③ ④
2510	nap [næp]	① ② ③ ④		낮잠, 졸다	① ② ③ ④
2511	narcissism [nάːrsisìzəm]	① ② ③ ④		자기애, 자기중심주의, (정신분석) 나르시시즘, 자기도취증	① ② ③ ④
2512	narrate [næréit]	① ② ③ ④		이야기하다, 기술하다	① ② ③ ④
2513	narrow [nǽrou]	① ② ③ ④		좁은, 부족한, 정밀한	① ② ③ ④
2514	nasty [nǽsti]	① ② ③ ④		불쾌한, 싫은, (주거 따위가)몹시 불결한, 더러운, (맛·냄새 따위가) 견딜 수 없을 만큼 싫은, 메스꺼운, (날씨 따위가) 험악한	① ② ③ ④
2515	nationalism [nǽʃənəlìzəm]	① ② ③ ④		국가주의, 민족주의	① ② ③ ④
2516	nationality [nǽʃənǽləti]	① ② ③ ④		국적, 국민	① ② ③ ④
2517	native [néitiv]	① ② ③ ④		출생의, 타고난, 토착의	① ② ③ ④
2518	naughty [nɔ́ːti]	① ② ③ ④		장난의, 장난꾸러기의, 말을 듣지 않는, 버릇없는	① ② ③ ④
2519	navigate [nǽvigéit]	① ② ③ ④		항해하다, 조종하다, 길을 찾다	① ② ③ ④
2520	navigation [nǽvəgéiʃən]	① ② ③ ④		운항, 항해	① ② ③ ④

✓ STEP 1

2521 ① ② ③

집 **가까운** 곳 바위에 언니 얼굴을
어디 그렸니?
언니 얼굴을 바위에 그렸어.

☺ 가까운 ⇨ 니얼바이

2522 ① ② ③

근시의 안경을 쓰니 어때?
안경 쓰니 얼굴이 사람들 사이에서
튀네.

☺ 근시의 ⇨ 니얼사이티드

2523 ① ② ③

솜씨 좋은 엄마가 뭘 만들어 주셨니?
새 니트(knit)를 만들어 주셨어.

☺ 솜씨가 좋은 ⇨ 니-트

2524 ① ② ③

내 힘이 왜 **필요로 하니**?
니 힘이 세서 테이블 치울 때 필요해.

☺ 필요로 하다 ⇨ 니세서테이트

2525 ① ② ③

가난한 사람은 어디 있는데?
니 뒤에 있어.

☺ 가난한 ⇨ 니-디

2526 ① ② ③

난 **소극적인** 성격 때문에 힘들겠지?
네가 티브이에서 하고 싶은 말을 하면 돼.

☺ 소극적인 ⇨ 네거티브

2527 ① ② ③

숙제 안하고 **게을리해서** 걱정이야.
걱정 마, 내가 니 글도 해서 냈다!

☺ 게을리하다 ⇨ 니글렉트

2528 ① ② ③

엄마가 뭘 **협상했니**?
니 이번 고시에 붙으면 이틀간
자유시간 준다고 했어.

☺ 협상하다 ⇨ 니고우쉬에이트

2529 ① ② ③

고시에 **협상**이 없다고 아빠가 뭐래?
니 이번 고시에 있어선 반드시
붙으래!

☺ 협상 ⇨ 니고우쉬에이션

2530 ① ② ③

왜 **신경**이 안 좋아?
방 안에 옷이 널부러져 있어서.

☺ 신경 ⇨ 널-브

2531 ① ② ③

방이 좁아서 **걱정이네**, 사진으로 봤을
땐 어땠어?
넓었어!

☺ 걱정하는 ⇨ 널-버스

2532 ① ② ③

새 **둥지**를 보면 어때?
귀여워서 내 스트레스도 풀려.

☺ 둥지 ⇨ 네스트

2521 가까운	2522 근시의	2523 솜씨가 좋은

① ② ③ ④ ⑤	① ② ③ ④ ⑤	① ② ③ ④ ⑤

2524 필요로 하다	2525 가난한	2526 소극적인

① ② ③ ④ ⑤	① ② ③ ④ ⑤	① ② ③ ④ ⑤

2527 게을리하다	2528 협상하다	2529 협상

① ② ③ ④ ⑤	① ② ③ ④ ⑤	① ② ③ ④ ⑤

2530 신경	2531 걱정하는	2532 둥지

① ② ③ ④ ⑤	① ② ③ ④ ⑤	① ② ③ ④ ⑤

2521	nearby [níərbái]	① ② ③ ④		가까운, 가까이에	① ② ③ ④
2522	nearsighted [níərsáitid]	① ② ③ ④		근시의, 근시안적인	① ② ③ ④
2523	neat [ni:t]	① ② ③ ④		정돈된, 단정한, 솜씨가 좋은	① ② ③ ④
2524	necessitate [nisésətèit]	① ② ③ ④		필요로 하다, 억지로 ~시키다	① ② ③ ④
2525	needy [ní:di]	① ② ③ ④		가난한, 궁핍한	① ② ③ ④
2526	negative [négətiv]	① ② ③ ④		부정적인, 소극적인	① ② ③ ④
2527	neglect [niglékt]	① ② ③ ④		게을리하다, 해야 할 것을 안 하다, 하지 않고 그대로 두다, 무시하다, 경시하다, 간과하다	① ② ③ ④
2528	negotiate [nigóuʃièit]	① ② ③ ④		협상하다, 교섭하다	① ② ③ ④
2529	negotiation [nigouʃiéiʃən]	① ② ③ ④		교섭, 협상	① ② ③ ④
2530	nerve [nə:rv]	① ② ③ ④		신경, (통속적) 치아의 신경, 용기, 냉정, 담력, 체력, 건전한 신경상태	① ② ③ ④
2531	nervous [nə́:rvəs]	① ② ③ ④		신경의, 걱정하는, 겁내는, 신경질적인	① ② ③ ④
2532	nest [nest]	① ② ③ ④		보금자리, 둥지, 안식처	① ② ③ ④

✓ STEP 1

2533 ① ② ③

**온라인에서 지켜야할
예절(etiquette)은?
네티켓!**
☺ 온라인상에서 지켜야할 예절 ⇨
네티켓

2534 ① ② ③

**함유성분이 애매한 비누가 문제가
있니?
그 비누를 쓰고 트러블이 생겼어.**
☺ 애매한 ⇨ 뉴-트럴

2535 ① ② ③

**작가가 끝없는 스토리를 쓰고 있어.
계속 내버려 두면 엔딩이 없겠어.**
☺ 끝없는 ⇨ 네벌엔딩

2536 ① ② ③

**그렇지만 이건 네 버터가 아닌데?
엄마가 내 버터랬어!**
☺ 그렇지만 ⇨ 네버덜레스

2537 ① ② ③

**신출내기가 어디 출장 갔어?
뉴욕으로 비행기 타고 출장을 갔어.**
☺ 신출내기 ⇨ 뉴-비

2538 ① ② ③

**오늘 누가 뉴스 방송 했어?
뉴스 기상 캐스터가 했어.**
☺ 뉴스 방송하다 ⇨ 뉴즈캐스트

2539 ① ② ③

**내 이불 누가 물어뜯어 놨니?!
니 이불 쥐가 그랬어.**

☺ 물어뜯다 ⇨ 니벌

2540 ① ② ③

**밤마다 악몽을 꿔?
나이트(night) 밤마다 뱀에게 온몸이
매어 있는 꿈을 꿔.**
☺ 악몽 ⇨ 나이트메얼

2541 ① ② ③

**사고 나고 민첩한 학생이 누굴
불렀어?
선생님을 불렀어.**
☺ 민첩한 ⇨ 님벌

2542 ① ② ③

**질소 연구는 잘 돼 가나요?
나이 들어도 연구에 전념하고 있어요.**
☺ 질소 ⇨ 나이트러전

2543 ① ② ③

**귀족 부인이 기부를 많이 하네?
노블레스 오블리주! (귀족의 도덕적 임무)**
☺ 귀족의 ⇨ 노우벌

2544 ① ② ③

**뭐라고 했길래 친구가 고개를 끄덕여?
나도 끼워달라고 했어.**
☺ 끄덕이다 ⇨ 나-드

2533 온라인상에서 지켜야할 예절	2534 애매한	2535 끝없는

① ② ③ ④ ⑤	① ② ③ ④ ⑤	① ② ③ ④ ⑤

2536 그렇지만	2537 신출내기	2538 뉴스 방송하다

① ② ③ ④ ⑤	① ② ③ ④ ⑤	① ② ③ ④ ⑤

2539 물어뜯다	2540 악몽	2541 민첩한

① ② ③ ④ ⑤	① ② ③ ④ ⑤	① ② ③ ④ ⑤

2542 질소	2543 귀족의	2544 끄덕이다

① ② ③ ④ ⑤	① ② ③ ④ ⑤	① ② ③ ④ ⑤

2533	**netiquette** [nétikèt]	① ② ③ ④		온라인상에서 지켜야할 예절, 네티켓	① ② ③ ④
2534	**neutral** [n(j)ú:trəl]	① ② ③ ④		중립의, 국외(局外) 중립의, 중립국의, 불편, 부당의, 공평한, 중용의, 중간의, 무관심한	① ② ③ ④
2535	**never-ending** [nèvə:réndiŋ]	① ② ③ ④		끝없는, 영원한	① ② ③ ④
2536	**nevertheless** [nèvə:rð-əlès]	① ② ③ ④		그럼에도 불구하고, 그렇지만	① ② ③ ④
2537	**newbie** [njú:bi]	① ② ③ ④		초보자, 신출내기, 미숙자	① ② ③ ④
2538	**newscast** [njú:zkæ̀st]	① ② ③ ④		뉴스 방송 하다	① ② ③ ④
2539	**nibble** [níb-əl]	① ② ③ ④		조금씩 물어뜯다, 갉다	① ② ③ ④
2540	**nightmare** [náitmɛ̀ər]	① ② ③ ④		악몽, 악몽 같은 경험	① ② ③ ④
2541	**nimble** [nimb-əl]	① ② ③ ④		민첩한, 명민한	① ② ③ ④
2542	**nitrogen** [náitrədʒən]	① ② ③ ④		질소 (원소기호 N)	① ② ③ ④
2543	**noble** [noub-əl]	① ② ③ ④		귀족의, 고상한	① ② ③ ④
2544	**nod** [na(:)d]	① ② ③ ④		끄덕이다, 끄덕하고 인사하다, 끄덕여 승낙(명령)하다, 졸다	① ② ③ ④

✓ STEP 1

2545 ① ② ③	2546 ① ② ③	2547 ① ② ③

지명한 사람들은 남아야 하나요?
남어, 네이트온 접속해야 해.
☺ 지명하다 ⇨ 나머네이트

소설이 아닌 **산문 문학**을 뭐라고 해?
논픽션이라 해.
☺ 소설이 아닌 산문 문학 ⇨ 난픽션

도덕과 관계없는 무슨 비밀이 있니?
남모를 비밀이 있어.
☺ 도덕과 관계없는 ⇨ 난모-럴

2548 ① ② ③	2549 ① ② ③	2550 ① ② ③

너 자꾸 **허튼 짓** 할래?
난 센스 있게 행동한 건데.
☺ 허튼 짓 ⇨ 난센스

너는 **말이 서툴러.**
난 법을 공부했지만 변호사 되기가
어려울 것 같아.
☺ 말이 서툰 ⇨ 난버-벌

정상의 사람은 이 뜀틀 넘을 수 있는
거지?
넘을 수 있게 제작했어.
☺ 정상의 ⇨ 노-멀

2551 ① ② ③	2552 ① ② ③	2553 ① ② ③

그리움이 깊어져 **향수병**이 생기는 것은?
노스텔지어!
☺ 향수병 ⇨ 나스텔쥐아

수업에서 왜 나만 **주의** 받은 거야?
너가 튀어서 그래.
☺ 주의 ⇨ 노우티스

티셔츠에서 **눈에 띄는** 그림은?
너 티셔츠에서 블루베리 그림이 눈에 띄어.
☺ 눈에 띄는 ⇨ 노우티서벌

2554 ① ② ③	2555 ① ② ③	2556 ① ② ③

노트에 적힌 뭘 공개하라고 **통보했니?**
노트에 적힌 파이 레시피!
☺ 통보하다 ⇨ 노우터파이

너 무엇에 대한 **생각**을 기사님에게
물어봤어?
버스 노선!
☺ 생각 ⇨ 노우션

악명 높은 주인이 뭐래?
높이 달린 도토리도 어서 따래!
☺ 악명 높은 ⇨ 노우토-리어스

2545	지명하다

① ② ③ ④ ⑤

2546	소설이 아닌 산문 문학

① ② ③ ④ ⑤

2547	도덕과 관계없는

① ② ③ ④ ⑤

2548	허튼 짓

① ② ③ ④ ⑤

2549	말이 서툰

① ② ③ ④ ⑤

2550	정상의

① ② ③ ④ ⑤

2551	향수병

① ② ③ ④ ⑤

2552	주의

① ② ③ ④ ⑤

2553	눈에 띄는

① ② ③ ④ ⑤

2554	통보하다

① ② ③ ④ ⑤

2555	생각

① ② ③ ④ ⑤

2556	악명 높은

① ② ③ ④ ⑤

2545	nominate [nάmənèit]	① ② ③ ④		지명하다, 지정하다	① ② ③ ④
2546	nonfiction [nɑnfíkʃ-ən]	① ② ③ ④		논픽션, 소설이 아닌 산문 문학(전기·역사·탐험 기록 등).	① ② ③ ④
2547	nonmoral [nánmɔ́(:)rəl]	① ② ③ ④		도덕과(에) 관계없는	① ② ③ ④
2548	nonsense [nάnsens]	① ② ③ ④		무의미, 터무니없는 생각, 난센스, 시시한 일, 하찮은 것, (유전학) 난센스	① ② ③ ④
2549	nonverbal [nɑnvə́:rbəl]	① ② ③ ④		말에 의하지 않는, 말을 쓰지 않는, 비언어적, 말이 서툰, 언어 능력이 낮은	① ② ③ ④
2550	normal [nɔ́:rməl]	① ② ③ ④		정상의, 표준적인, 상태, 표준	① ② ③ ④
2551	nostalgia [nɑstǽldʒiə]	① ② ③ ④		향수, 노스탤지어, 향수병(homesickne ss)	① ② ③ ④
2552	notice [nóutis]	① ② ③ ④		주의, 통지, 인지, 주의하다, 알아채다	① ② ③ ④
2553	noticeable [nóutisəb-əl]	① ② ③ ④		눈에 띄는, 현저한, 분명한	① ② ③ ④
2554	notify [nóutəfái]	① ② ③ ④		알리다, 통고하다	① ② ③ ④
2555	notion [nóuʃən]	① ② ③ ④		관념, 개념, [SYN.] [IDEA, 생각, 의견, 의향]	① ② ③ ④
2556	notorious [noutɔ́:riəs]	① ② ③ ④		악명 높은, 소문난	① ② ③ ④

✓ STEP 1

2557 ① ② ③

이 나무는 누가 **기르니**?
너희 반 잉글리쉬(English) 선생님이.

☺ 기르다 ➡ 너-리쉬

2558 ① ② ③

내가 이 **음식물**을 좋아하려면?
너 그 잉글리쉬(English) 영화 보면
틀림 없이 좋아하게 될 거야.

☺ 음식물 ➡ 너-리쉬먼트

2559 ① ② ③

너 그 **소설**을 다 읽었어?
나, 벌써 다 읽었어.

☺ 소설 ➡ 나벌

2560 ① ② ③

신참이 실수로 나비표본을 어디에
버렸어?
나비 표본을 쓰레기통에.

☺ 신참 ➡ 나비스

2561 ① ② ③

핵폭발 사고가 났대.
핵사고로 **누굴** 잃었어?

☺ 핵 ➡ 뉴-클리어스

2562 ① ② ③

발가벗은 꼬마가 먹는 김밥은?
누드김밥!

☺ 발가벗은 ➡ 뉴-드

2563 ① ② ③

뉴스에서 나에게 **난처한 것**이 보도
됐어?
그 뉴슨 보도가 좀 지나쳐.

☺ 난처한 것 ➡ 뉴-선스

2564 ① ② ③

북한의 **핵무기** 보유 사실을 어디서
밝혔어?
뉴스위크지에서.

☺ 핵무기 ➡ 뉴-크

2565 ① ② ③

눈 먼 사람이 동전을 **셀 수 있는**
거야?
눈멀어 불쌍한 척 돈을 구걸해.

☺ 셀 수 있는 ➡ 뉴-머러블

2566 ① ② ③

수많은 그림이 왜 안보여요?
눈이 멀어서!

☺ 수많은 ➡ 뉴-머러스

2567 ① ② ③

너 커서 **수녀**님이 되고 싶다고 했지?
응, 난 커서 수녀가 될 거야.

☺ 수녀 ➡ 년

2568 ① ② ③

간호사가 나에게 뭘 도와주나요?
널 스스로 걷게 도와줄 거야.

☺ 간호사 ➡ 널-스

2557 기르다	2558 음식물	2559 소설
① ② ③ ④ ⑤	① ② ③ ④ ⑤	① ② ③ ④ ⑤
2560 신참	2561 핵	2562 발가벗은
① ② ③ ④ ⑤	① ② ③ ④ ⑤	① ② ③ ④ ⑤
2563 난처한 것	2564 핵무기	2565 셀 수 있는
① ② ③ ④ ⑤	① ② ③ ④ ⑤	① ② ③ ④ ⑤
2566 수많은	2567 수녀	2568 간호사
① ② ③ ④ ⑤	① ② ③ ④ ⑤	① ② ③ ④ ⑤

2557	**nourish** [nə́:riʃ]	① ② ③ ④		자양분을 주다, 기르다	① ② ③ ④
2558	**nourishment** [nə́:riʃmənt]	① ② ③ ④		자양물, 음식물, 조장함, 양육, 영양 상태	① ② ③ ④
2559	**novel** [návəl]	① ② ③ ④		소설, 새로운, 신기한	① ② ③ ④
2560	**novice** [návis]	① ② ③ ④		신참, 초심자	① ② ③ ④
2561	**nucleus** [njú:kliəs]	① ② ③ ④		핵, 심, 중심, 핵심, cf. core, kernel, (발전의) 기초, 토대, (물리·화학)핵	① ② ③ ④
2562	**nude** [nju:d]	① ② ③ ④		발가벗은, 나체의, 수목이 없는	① ② ③ ④
2563	**nuisance** [njú:s-əns]	① ② ③ ④		폐, 성가심, 귀찮음, 불쾌, 난처한 (성가신, 골치 아픈) 것, 귀찮은 행위	① ② ③ ④
2564	**nuke** [nju:k]	① ② ③ ④		핵무기, 원자력 발전소	① ② ③ ④
2565	**numerable** [njú:mərəbl]	① ② ③ ④		셀 수 있는, 계산 할 수 있는	① ② ③ ④
2566	**numerous** [njú:m-ərəs]	① ② ③ ④		다수의, 수많은	① ② ③ ④
2567	**nun** [nʌn]	① ② ③ ④		수녀	① ② ③ ④
2568	**nurse** [nə:rs]	① ② ③ ④		유모, 간호사	① ② ③ ④

✓ STEP 1

2569 ① ② ③

엄마 **탁아소**가 추워요.
추운데 널, 서리를 맞게 해서 그래.

☺ 탁아소 ⇨ 널-서리

2570 ① ② ③

아기를 **양육하기** 위하여 엄마는
아기를 어디에 넣죠?
양육시설에 넣죠.

☺ 양육하다 ⇨ 널-철

2571 ① ② ③

나무에 **영양분**을 주나요?
뉴 트리(new tree)에선 영양분을 줄
필요가 없어!

☺ 영양 ⇨ 뉴-트리션

2572 ① ② ③

딱 한 개만 먹는다고 **맹세**한 과자는?
오뜨.

☺ 맹세 ⇨ 오-쓰

2573 ① ② ③

저 **비대**한 남자가 사장의 뭐라고?
사장의 비서디! (비서야)

☺ 비대 ⇨ 오비서티

2574 ① ② ③

내말 **복종할래** 아니면 칼에 베일거야?
어, 난 칼에 베이기 싫어.

☺ 복종하다 ⇨ 오베이

2575 ① ② ③

하늘에 외계비행 **물체**가 있다고
보도됐어?
그건 어부가 제트기를 본 거야.

☺ 물체 ⇨ 압젝트

2576 ① ② ③

아기 달래는 **목표**로 아기 업자니까?
아기를 업재두 계속 TV만 봐요.

☺ 목표 ⇨ 업젝티브

2577 ① ② ③

걸절이도 여자가 담그는 게
의무적이야?
어, 불리해! 걸절이까지 여자가 담그는 건!

☺ 의무적인 ⇨ 어블리거터리

2578 ① ② ③

엄마, 왜 동생 업으라고 **강요해요?**
너도 이제 동생을 업을 나이지.

☺ 강요하다 ⇨ 어블라이쥐

2579 ① ② ③

엄마가 벌레들을 **말살해버렸어.**
어, 벌레 수를 불리려 했는데 에잇!

☺ 말살하다 ⇨ 어블리터레이트

2580 ① ② ③

불이 흔적도 없이 사라졌어?
어, 불이 비오니(불에 비가 내리니)
꺼져버리지.

☺ 흔적도 없이 사라짐 ⇨
어블리비언

2569	탁아소

① ② ③ ④ ⑤

2570	양육하다

① ② ③ ④ ⑤

2571	영양

① ② ③ ④ ⑤

2572	맹세

① ② ③ ④ ⑤

2573	비대

① ② ③ ④ ⑤

2574	복종하다

① ② ③ ④ ⑤

2575	물체

① ② ③ ④ ⑤

2576	목표

① ② ③ ④ ⑤

2577	의무적인

① ② ③ ④ ⑤

2578	강요하다

① ② ③ ④ ⑤

2579	말살하다

① ② ③ ④ ⑤

2580	흔적도 없이 사라짐

① ② ③ ④ ⑤

		①	②			①	②
2569	**nursery** [nə́:rs-əri]	③	④		아이 방, 육아실, 탁아소	③	④
2570	**nurture** [nə́:rtʃər]	①	②		양육, 양성, 훈육, 교육, 영양(물), 음식, 양육하다, -에게 영양물을 주다, 가르쳐 길들이다, 교육하다	①	②
		③	④			③	④
2571	**nutrition** [nju:tríʃən]	①	②		영양, 영양 공급(섭취), 자양물, 음식물	①	②
		③	④			③	④
2572	**oath** [ouθ]	①	②		맹세, 서약	①	②
		③	④			③	④
2573	**obesity** [oubí:səti]	①	②		비만, 비대	①	②
		③	④			③	④
2574	**obey** [oubéi,ə-]	①	②		따르다, 복종하다	①	②
		③	④			③	④
2575	**object** [ábdʒikt]	①	②		물건, 물체, 사물, (동작·감정 등의) 대상, 목적, 목표, 반대하다	①	②
		③	④			③	④
2576	**objective** [əbdʒéktiv]	①	②		객관적인, 편견, 선입관이 없는, 외적인, 물질적인, 외계의, 목적의 객관적으로	①	②
		③	④			③	④
2577	**obligatory** [əblígətɔ̀:ri]	①	②		의무적인, 필수의	①	②
		③	④			③	④
2578	**oblige** [əbáidʒ]	①	②		강요하다, 은혜를 베풀다	①	②
		③	④			③	④
2579	**obliterate** [əblítərèit]	①	②		말살하다, 지우다	①	②
		③	④			③	④
2580	**oblivion** [əblivian]	①	②		망각, 잊혀짐, 흔적도 없이 사라짐	①	②
		③	④			③	④

✓ STEP 1

2581 ① ② ③

추잡한 책을 쓴 작가는 사람들은
어떻게 생각해?
업신여겨요.
☺ 추잡한 ⇨ 업신-

2582 ① ② ③

어두운 방에 들어가려면?
들어가기에 앞서 불을 켜야 해.
☺ 어두운 ⇨ 업스큐얼

2583 ① ② ③

관찰력이 있는 아이가?
부모님 앞에서 절하는 모습을 금방
배워선 따라한다!
☺ 관찰력 ⇨ 업저-베이션

2584 ① ② ③

천문대 사진 한 장만 더 찍을까?
없져! 카메라 배터리!

☺ 천문대 ⇨ 업저-버토리

2585 ① ② ③

섬유를 자세히 **관찰해** 보니 어때?
어쩜 이렇게 부드러워.

☺ 관찰하다 ⇨ 업절-브

2586 ① ② ③

퇴마사가 사람 **괴롭히는** 귀신을
어떻게 했어?
없앴어.
☺ 괴롭히다 ⇨ 업세스

2587 ① ② ③

옷이 모두 **구식**패션이 되어버렸네?
앞서있던 패션도 금방 구식이 돼.
☺ 구식 ⇨ 압설리트

2588 ① ② ③

장애물 넘어서 선수가 골문으로 간다.
어서 태클 걸어.
☺ 장애물 ⇨ 압스터클

2589 ① ② ③

옷 스타일이 **고집스럽네**?
옷이 없어서 터진 니트만 입는 거야.
☺ 고집스런 ⇨ 압스터니트

2590 ① ② ③

차가 계속 진로를 **방해하네**?
앞선 트럭을 추월해.

☺ 방해하다 ⇨ 업스트럭트

2591 ① ② ③

물고기를 가득 **획득해서** 온 배는?
어부를 태운 배.

☺ 획득하다 ⇨ 업테인

2592 ① ② ③

동전던지기에서 앞면이 나온 건
분명해?
응! 앞이었어!
☺ 분명한 ⇨ 아비어스

2581 추잡한	2582 어두운	2583 관찰력

① ② ③ ④ ⑤	① ② ③ ④ ⑤	① ② ③ ④ ⑤

2584 천문대	2585 관찰하다	2586 괴롭히다

① ② ③ ④ ⑤	① ② ③ ④ ⑤	① ② ③ ④ ⑤

2587 구식	2588 장애물	2589 고집스런

① ② ③ ④ ⑤	① ② ③ ④ ⑤	① ② ③ ④ ⑤

2590 방해하다	2591 획득하다	2592 분명한

① ② ③ ④ ⑤	① ② ③ ④ ⑤	① ② ③ ④ ⑤

		①	②			①	②
2581	**obscene** [əbsíːn]	③	④		외설의, 추잡한	③	④
2582	**obscure** [əbskjúər]	① ③	② ④		어두운, 분명치 않은, 눈에 띄지 않는	① ③	② ④
2583	**observation** [àbzərvéiʃən]	① ③	② ④		관찰, 주목, 주시, (과학상의) 관측, (항해), 천측(天測), (군사) 감시, 정찰, (의학) 진찰, 관찰력	① ③	② ④
2584	**observatory** [əbzɔ́ːrvətɔ̀ːri]	① ③	② ④		천문대, 관측소	① ③	② ④
2585	**observe** [əbzɔ́ːrv]	① ③	② ④		지키다, 관찰하다, 진술하다	① ③	② ④
2586	**obsess** [əbsés]	① ③	② ④		(귀신, 망상 따위가)들리다, 괴롭히다	① ③	② ④
2587	**obsolete** [ábsəliːt]	① ③	② ④		쓸모없어진, 구식의	① ③	② ④
2588	**obstacle** [ábstəkl]	① ③	② ④		장애물	① ③	② ④
2589	**obstinate** [ábstənit]	① ③	② ④		완고한, 고집스런	① ③	② ④
2590	**obstruct** [əbstrʌ́kt]	① ③	② ④		막다, 방해하다	① ③	② ④
2591	**obtain** [əbtéin]	① ③	② ④		얻다, 획득하다, 행해지다	① ③	② ④
2592	**obvious** [ábviəs]	① ③	② ④		분명한, 확실한, 명백한	① ③	② ④

✓ STEP 1

2593 ① ② ③

화장실 갈 **기회**가 없어?
선생님이 **오케이** 하기 전까진 가면 안돼.

☺ 기회 ⇨ 어케이젼

2594 ① ② ③

직업을 가진 후 처음 받는 돈에 놀라서?
어쿠! 페이(pay)셔!

☺ 직업 ⇨ 아켜페이션

2595 ① ② ③

금고가 있는 방을 **차지하고?**
금고 열어보니 **어이쿠, 파이네!**

☺ 차지하다 ⇨ 아켜파이

2596 ① ② ③

그 사람이 **생각나네.**
아까 만난 그 남자 말하는 거지.

☺ 생각나다 ⇨ 어컬-

2597 ① ② ③

저기 **해양** 구조원이야?
드디어 우리를 구하러 **오셨어!**

☺ 해양 ⇨ 오우션

2598 ① ② ③

8각형으로 된 건물 옥탑에 뭐가 설치되었어?
옥탑에 곤봉이 설치되어 있어.

☺ 8각형 ⇨ 악터간

2599 ① ② ③

홀수의 수는 뭐가 있어?
5두 홀수야.

☺ 홀수의 ⇨ 아-드

2600 ① ② ③

이 **냄새** 어때?
오우~ 더러운 냄새야!

☺ 냄새 ⇨ 오우덜

2601 ① ② ③

도로교통법 **위반**하면 벌금 얼마 내?
5펜스!

☺ 위반 ⇨ 어펜스

2602 ① ② ③

무엇이 작곡가 '오펜바흐'를 **성나게** 하니?
'오펜바흐'의 키보드!

☺ 성나게 하다 ⇨ 어팬드

2603 ① ② ③

음식과 무엇을 **제공하나요?**
옷도 퍼 줍니다.

☺ 제공하다 ⇨ 오펄

2604 ① ② ③

오후 즉석 연기는 뭘로 하나요?
오후에는 핸드(hand) 손으로 해요.

☺ 즉석의 ⇨ 오프핸드

2593 기회

① ② ③ ④ ⑤

2594 직업

① ② ③ ④ ⑤

2595 차지하다

① ② ③ ④ ⑤

2596 생각나다

① ② ③ ④ ⑤

2597 해양

① ② ③ ④ ⑤

2598 8각형

① ② ③ ④ ⑤

2599 홀수의

① ② ③ ④ ⑤

2600 냄새

① ② ③ ④ ⑤

2601 위반

① ② ③ ④ ⑤

2602 성나게 하다

① ② ③ ④ ⑤

2603 제공하다

① ② ③ ④ ⑤

2604 즉석의

① ② ③ ④ ⑤

2593	**occasion** [əkéiʒən]	① ② ③ ④		기회, 경우, 때, (특별한)행사	① ② ③ ④
2594	**occupation** [ákjupéiʃən]	① ② ③ ④		직업(vocation), 업무, 일, 점유, 점유권(기간), 거주, 거주권(기간)	① ② ③ ④
2595	**occupy** [ákjəpài]	① ② ③ ④		(시간·장소 따위를) 차지하다, (시간을) 요하다, 점령(점거) 하다, 영유 하다, 종사시키다	① ② ③ ④
2596	**occur** [əkɔ́:r]	① ② ③ ④		일어나다, 생각나다	① ② ③ ④
2597	**ocean** [óuʃən]	① ② ③ ④		대양, 해양	① ② ③ ④
2598	**octagon** [áktəgàn]	① ② ③ ④		8각형	① ② ③ ④
2599	**odd** [a:d]	① ② ③ ④		별난, 홀수의, 임시의	① ② ③ ④
2600	**odor** [óudər]	① ② ③ ④		냄새, 낌새, 향기	① ② ③ ④
2601	**offence** [əféns]	① ② ③ ④		위반, 화냄, 공격	① ② ③ ④
2602	**offend** [əfénd]	① ② ③ ④		성나게 하다, 거스르다	① ② ③ ④
2603	**offer** [ɔ́(:)fər]	① ② ③ ④		제안하다 제공하다, 제의, 제공	① ② ③ ④
2604	**offhand** [ɔ́(:)fhǽnd]	① ② ③ ④		즉석의, 준비 없이 하는	① ② ③ ④

✓ STEP 1

2605 ① ② ③

공무원들은 뭐하고 있어요?
오피스에서 **쉴** 틈 없이 일하고
있어요.
☺ 공무원 ⇨ 오피셜

2606 ① ② ③

자녀들은 어디서 자나요?
압축된 스프링 침대에서 자요.
☺ 자녀 ⇨ 옵스프링

2607 ① ② ③

기름 값이 올라가면?
오일 회사들은 좋아져.
☺ 기름 ⇨ 오일

2608 ① ② ③

비가 올 **조짐**이네?
비 오면 뛰어가야지.
☺ 조짐 ⇨ 오우먼

2609 ① ② ③

선교사가 좀 **태만**해 보이네?
어, 미션을 수행해야 할 시간인데.
☺ 태만 ⇨ 오-미션

2610 ① ② ③

어디에 돈을 **빠뜨렸어**?
오! 하수구 밑에!
☺ 빠뜨리다 ⇨ 오-미트

2611 ① ② ③

잡식성 동물인 원숭이가 뭘 보여주며
먹을 거 달라고 해?
앞니 보여주며!
☺ 잡식성 동물 ⇨ 암너보-어

2612 ① ② ③

생방송으로 **진행하는** 쇼에 혼자 온
거야?
응, 혼자 온 거임.
☺ 진행하는 ⇨ 안고잉

2613 ① ② ③

용암이 바위 사이로 **스며 나오는**
사진은 어디서 봤어?
우주를 다룬 책에서!
☺ 스며 나오다 ⇨ 우-즈

2614 ① ② ③

허심탄회한 이야기는 어떻게 해야 돼?
오픈 마인드로 하면 돼.
☺ 허심탄회한 ⇨ 오우펀마인디드

2615 ① ② ③

수술한 자리 만져보자.
만지지마, 아파~ 에잇!
☺ 수술하다 ⇨ 아퍼레이트

2616 ① ② ③

기계 **조작**이 힘들지?
아퍼, 내 이손이!
☺ 조작 ⇨ 아퍼레이션

2605 공무원	2606 자녀	2607 기름

① ② ③ ④ ⑤	① ② ③ ④ ⑤	① ② ③ ④ ⑤

2608 조짐	2609 태만	2610 빠뜨리다

① ② ③ ④ ⑤	① ② ③ ④ ⑤	① ② ③ ④ ⑤

2611 잡식성 동물	2612 진행하는	2613 스며 나오다

① ② ③ ④ ⑤	① ② ③ ④ ⑤	① ② ③ ④ ⑤

2614 허심탄회한	2615 수술하다	2616 조작

① ② ③ ④ ⑤	① ② ③ ④ ⑤	① ② ③ ④ ⑤

2605	**official** [əfíʃəl]	① ② ③ ④		공무상의, 공적인, 공무원	① ② ③ ④
2606	**offspring** [ɔ́fspriŋ]	① ② ③ ④		자식, 자녀	① ② ③ ④
2607	**oil** [ɔil]	① ② ③ ④		기름, 석유	① ② ③ ④
2608	**omen** [óumən]	① ② ③ ④		징조, 조짐	① ② ③ ④
2609	**omission** [oumíʃən]	① ② ③ ④		생략, 소홀, 태만	① ② ③ ④
2610	**omit** [oumit]	① ② ③ ④		빠뜨리다, 게을리 하다, 잊다	① ② ③ ④
2611	**omnivore** [ámnəvɔ̀ːr]	① ② ③ ④		탐식가, 잡식성동물	① ② ③ ④
2612	**ongoing** [ángòuiŋ]	① ② ③ ④		전진하는, 진행하는	① ② ③ ④
2613	**ooze** [uːz]	① ② ③ ④		스며 나오다	① ② ③ ④
2614	**open-minded** [óupənmáindid]	① ② ③ ④		편견이 없는, 허심탄회한	① ② ③ ④
2615	**operate** [ápəréit]	① ② ③ ④		작동하다, 작용하다, 수술하다	① ② ③ ④
2616	**operation** [àpəréiʃən]	① ② ③ ④		가동, 효력, 조작, 운영, 수술	① ② ③ ④

✓ STEP 1

2617 ① ② ③

여·야당은 **상대**의 의견을 어떻게 해?
가끔 엎어 논(놓는)다.

☺ 상대 ⇨ 어포우넌트

2618 ① ② ③

이번 **기회**에 어떻게 할까?
아파트 분양 신청서 넣지.

☺ 기회 ⇨ 아퍼튜-너티

2619 ① ② ③

증인이 경찰의 말에 **반대하며** 뭐라고
했어?
내용을 엎어주세요!

☺ 반대하다 ⇨ 어포우즈

2620 ① ② ③

마주보고 있는 사람, 이름이 뭐야?
엎어진 체 자서 모르겠어.

☺ 마주보고 있는 ⇨ 아퍼지트

2621 ① ② ③

공원 순찰 아저씨가 뭐라고 **압박감을
줬어?**
어이! 풀에서 앉으면 안 돼!

☺ 압박감을 주다 ⇨ 어프레스

2622 ① ② ③

광학 연구자는 실험 도중 왜
쓰러졌어?
압력을 견디지 못하고 틱 쓰러졌어.

☺ 광학 ⇨ 압틱스

2623 ① ② ③

낙관적인 경기가 된 원인은?
앞 팀이 스틱을 놓쳐버렸어.

☺ 낙관적인 ⇨ 압터미스틱

2624 ① ② ③

자동차 살 때 고객이 **선택**하는 걸?
옵션이라고 해

☺ 선택 ⇨ 압션

2625 ① ② ③

임의의 날 선택한 이유는?
아버지가 아프셔서 널 후계자로
선택했어.

☺ 임의의 ⇨ 압셔널

2626 ① ② ③

입의 세균을 어떻게 없애?
오랄-B(구강용품 브랜드) 칫솔을 써.

☺ 입의 ⇨ 오-럴

2627 ① ② ③

연설학원에서 많이 배웠니?
오래있어도 별로 못 배웠어.

☺ 연설 ⇨ 오-레이션

2628 ① ② ③

저 사람은 **활동 범위**가 넓어?
이상하다 했더니 올(all), 모두 빛이래.

☺ 활동 범위 ⇨ 올-비트

2617 상대	2618 기회	2619 반대하다

① ② ③ ④ ⑤	① ② ③ ④ ⑤	① ② ③ ④ ⑤

2620 마주보고 있는	2621 압박감을 주다	2622 광학

① ② ③ ④ ⑤	① ② ③ ④ ⑤	① ② ③ ④ ⑤

2623 낙관적인	2624 선택	2625 임의의

① ② ③ ④ ⑤	① ② ③ ④ ⑤	① ② ③ ④ ⑤

2626 입의	2627 연설	2628 활동 범위

① ② ③ ④ ⑤	① ② ③ ④ ⑤	① ② ③ ④ ⑤

2617	opponent [əpóunənt]	① ② ③ ④		상대, 적, 반대하는	① ② ③ ④
2618	opportunity [ɑ̀pərtjúːnəti]	① ② ③ ④		기회, 호기	① ② ③ ④
2619	oppose [əpóuz]	① ② ③ ④		반대하다, 대항시키다	① ② ③ ④
2620	opposite [ɑ́pəzit]	① ② ③ ④		마주보고 있는, 정반대의	① ② ③ ④
2621	oppress [əprés]	① ② ③ ④		억압하다, 압박감을 주다	① ② ③ ④
2622	optics [ɑ́ptiks]	① ② ③ ④		광학	① ② ③ ④
2623	optimistic [ɑ́ptimístik]	① ② ③ ④		낙천적인, 낙관적인	① ② ③ ④
2624	option [ɑ́pʃən]	① ② ③ ④		선택(권), 옵션, 추가선택	① ② ③ ④
2625	optional [ɑ́pʃənəl]	① ② ③ ④		임의의, 선택의	① ② ③ ④
2626	oral [ɔ́ːrəl]	① ② ③ ④		구두의, 구술의, 입의 구강	① ② ③ ④
2627	oration [ɔːréiʃən]	① ② ③ ④		연설, 식사, 화법	① ② ③ ④
2628	orbit [ɔ́ːrbit]	① ② ③ ④		궤도, 활동 범위	① ② ③ ④

✓ STEP 1

2629 ① ② ③	2630 ① ② ③	2631 ① ② ③
과수원의 벌레들은 처리했어? 나무에 오르고 약을 **쳐도** 잘 안 죽어. ☺ 과수원 ⇨ 올-쳐드	상관이 산불을 끄라고 **명령했어**? 근데 산에 오르다 데인 병사들이 많아. ☺ 명령하다 ⇨ 올-데인	**고된 체험**에서 빠져나오려 하자 조교가 뭐래? 어딜 가냐고 소리쳤어. ☺ 고된 체험 ⇨ 올-디-얼

2632 ① ② ③	2633 ① ② ③	2634 ① ② ③
여기 **주문** 받아주세요! 예, 손님! 오더 해 주세요. ☺ 주문 ⇨ 오-더	이런 **보통의** 세금은 어디 내면 돼? 글쎄, **어디 내리**? 나도 잘 몰라. ☺ 보통의 ⇨ 오-더네리	몸의 내장 **기관**이 건강해지는 악기는? 손과 발을 다 이용하는 악기, **오르간**. ☺ 기관 ⇨ 오-건

2635 ① ② ③	2636 ① ② ③	2637 ① ② ③
미생물들은 잘 관리하니? 관리를 잘 못해서 얼 것 같아, 니가 좀 관리해. ☺ 미생물 ⇨ 올-거니점	**단체**를 무슨 기준으로 구성할까? 올커니! 키를 재어서 단체를 구성하셍. ☺ 단체 ⇨ 오-거니제이션	실험은 **계획한**대로 잘 돼 가? 얼거나하지 않게 잊지 않고 신경 쓰고 있어. ☺ 계획하다 ⇨ 올-거나이즈

2638 ① ② ③	2639 ① ② ③	2640 ① ② ③
동양식의 느낌으로 꾸미는 집 인테리어는? 오리엔털 인테리어. ☺ 동양식의 ⇨ 오-리엔틀	나라별 **기원**을 연구해 보면 뭘 알아? 주변국가와 어우러진 걸 알 수 있다. ☺ 기원 ⇨ 오-러진	며칠에 걸쳐 사건이 **일어났어**? 오래전에 이틀에 걸쳐. ☺ 일어나다 ⇨ 어리져네이트

2629	과수원

① ② ③ ④ ⑤

2630	명령하다

① ② ③ ④ ⑤

2631	고된 체험

① ② ③ ④ ⑤

2632	주문

① ② ③ ④ ⑤

2633	보통의

① ② ③ ④ ⑤

2634	기관

① ② ③ ④ ⑤

2635	미생물

① ② ③ ④ ⑤

2636	단체

① ② ③ ④ ⑤

2637	계획하다

① ② ③ ④ ⑤

2638	동양식의

① ② ③ ④ ⑤

2639	기원

① ② ③ ④ ⑤

2640	일어나다

① ② ③ ④ ⑤

2629	**orchard** [ɔ́ːrtʃərd]	① ② ③ ④		과수원, 외야	① ② ③ ④
2630	**ordain** [ɔːrdéin]	① ② ③ ④		정하다, 명령하다	① ② ③ ④
2631	**ordeal** [ɔ́ːrdiːəl]	① ② ③ ④		시련, 고된 체험	① ② ③ ④
2632	**order** [ɔ́ːrdər]	① ② ③ ④		순서, 질서, 정돈, 명령, 주문	① ② ③ ④
2633	**ordinary** [ɔ́ːrdənéri]	① ② ③ ④		보통의, 통상적인, 평범한	① ② ③ ④
2634	**organ** [ɔ́ːrgən]	① ② ③ ④		오르간, (특히) 파이프 오르간, (생물의) 기관(器官), (인간의) 발성기관	① ② ③ ④
2635	**organism** [ɔ́ːrgənizəm]	① ② ③ ④		유기체, 미생물	① ② ③ ④
2636	**organization** [ɔ́ːrgənizéiʃən]	① ② ③ ④		조직(화), 구성, 편제, 편성, 기구, 체제, 조직체, 단체, 조합	① ② ③ ④
2637	**organize** [ɔ́ːrgənàiz]	① ② ③ ④		조직(화)하다, 계획하다	① ② ③ ④
2638	**oriental** [ɔ̀(ː)riéntəl]	① ② ③ ④		동양의, 동양식의, 동양문명의	① ② ③ ④
2639	**origin** [ɔ́ːrədʒin]	① ② ③ ④		기원, 원인, 태생	① ② ③ ④
2640	**originate** [ərídʒənèit]	① ② ③ ④		시작하다, 일어나다	① ② ③ ④

✓ STEP 1

2641 ① ② ③

난 **장식품 수집** 매니아거든?
오! 너무 많다!

☺ 장식품 ⇨ 오-너먼트

2642 ① ② ③

골다공증으로 뼈 부러진 게 누구야?
아슬하게 뛰어 엎어져 우는 시스터.

☺ 골다공증 ⇨ 아스티오퍼루시스

2643 ① ② ③

돌발 상황에 브레이크 왜 안 밟았어?
아우, 브레이크가 고장 나서.

☺ 돌발 ⇨ 아웃트브레익

2644 ① ② ③

액자 개발 **결과** 확인했어?
아우, 캄캄해서 아직 못했어.

☺ 결과 ⇨ 아웃컴

2645 ① ② ③

야외에서 입는 옷을 뭐라고 해?
아웃도어 룩.

☺ 야외의 ⇨ 아웃도얼

2646 ① ② ③

밖에서 키우는 개가 몸을 흔들면?
아우! 털 날려.

☺ 밖의 ⇨ 아우터

2647 ① ② ③

보호 **장비**를 착용 안 해서 다쳤어.
아우! 피가 나잖아.

☺ 장비 ⇨ 아우-피트

2648 ① ② ③

은퇴하는 기념으로 하는 경기야?
한 선수가 아울(out) 고잉(going)
해버렸네.

☺ 은퇴하는 ⇨ 아웃-고잉

2649 ① ② ③

이국풍의 느낌이 나네?
아울렛에서 산 디쉬(dish) 그릇이야.

☺ 이국풍의 ⇨ 아웃-랜디쉬

2650 ① ② ③

무법자는?
아울(out) 로-(law) 법을 벗어나서
행동하는 사람.

☺ 무법자 ⇨ 아웃-로

2651 ① ② ③

출구에 서 있는 사람 누구야?
저 친구 아우래!

☺ 출구 ⇨ 아웃-레트

2652 ① ② ③

사람의 **윤곽**만 잡혀 있네?
아웃라인을 먼저 잡아야 돼.

☺ 윤곽 ⇨ 아웃라인

2641 장식품	2642 골다공증	2643 돌발

① ② ③ ④ ⑤	① ② ③ ④ ⑤	① ② ③ ④ ⑤

2644 결과	2645 야외의	2646 밖의

① ② ③ ④ ⑤	① ② ③ ④ ⑤	① ② ③ ④ ⑤

2647 장비	2648 은퇴하는	2649 이국풍의

① ② ③ ④ ⑤	① ② ③ ④ ⑤	① ② ③ ④ ⑤

2650 무법자	2651 출구	2652 윤곽

① ② ③ ④ ⑤	① ② ③ ④ ⑤	① ② ③ ④ ⑤

2641	**ornament** [ɔ́:rnəmənt]	① ② ③ ④		장식, 장식품, 장식하다	① ② ③ ④
2642	**osteoporosis** [àstioupəróusis]	① ② ③ ④		골다공증	① ② ③ ④
2643	**outbreak** [áutbrèik]	① ② ③ ④		발발, 돌발, 폭동	① ② ③ ④
2644	**outcome** [áutkʌ̀m]	① ② ③ ④		결과, 성과	① ② ③ ④
2645	**outdoor** [áutdɔ̀:r]	① ② ③ ④		집밖의, 야외의	① ② ③ ④
2646	**outer** [áutər]	① ② ③ ④		밖의, 외부의, (철학) 객관적인; 겉옷, 외투.	① ② ③ ④
2647	**outfit** [áutfit]	① ② ③ ④		채비, 장비, 소양	① ② ③ ④
2648	**outgoing** [áutgòuiŋ]	① ② ③ ④		(떠)나가는, 은퇴하는	① ② ③ ④
2649	**outlandish** [autlǽndiʃ]	① ② ③ ④		이국풍의, 이상스러운	① ② ③ ④
2650	**outlaw** [áutlɔ̀:]	① ② ③ ④		무법자, 상습범	① ② ③ ④
2651	**outlet** [áutlet]	① ② ③ ④		(배)출구, 대리점	① ② ③ ④
2652	**outline** [áutlàin]	① ② ③ ④		윤곽(을 그리다), 개요	① ② ③ ④

✓ STEP 1

2653 ① ② ③

룩셈부르크 날씨 **예측** 좀 해볼래?
아우! **룩셈부르크** 날씨가 추워질 거야.
☺ 예측 ⇨ 아웃룩

2654 ① ② ③

사과 **생산량**이 왜 이리 적어?
아우! 풋사과라 그래.
☺ 생산량 ⇨ 아웃푸트

2655 ① ② ③

공이 선 **바깥쪽**으로 나가자 심판이?
아웃사이드!
☺ 바깥쪽 ⇨ 아웃사이드

2656 ① ② ③

교외로 소풍은 잘 다녀왔니?
아우! 내 **스커트** 망쳐버렸어!
☺ 교외 ⇨ 아웃스커-스

2657 ① ② ③

두드러져 보이는 사람은 어디 있어?
아울(out)에 **스탠딩**(standing)하고 있어.
☺ 두드러진 ⇨ 아웃스탠딩

2658 ① ② ③

얼굴이 **계란형**이네?
오버해서 놀리지 마.
☺ 계란형 ⇨ 오우벌

2659 ① ② ③

모든 공약을 **종합적으로** 지킬 수 있을까?
오버하면서 올(all)에게 약속했는데 해야지.
☺ 종합적으로 ⇨ 오우버롤

2660 ① ② ③

흐린 날씨를 맑은 날씨라고 오보한 캐스트 어떻게?
오보내서 캐스터 잘렸어.
☺ 흐린 ⇨ 오우버케스트

2661 ① ② ③

귀를 막아 뭘 **이겨냈는데?**
오버해서 껌 씹는 소리!
☺ 이겨내다 ⇨ 오우버컴

2662 ① ② ③

공원이 풀로 **넘치네?**
적정 크기를 오버한 풀로 넘쳐.
☺ 넘치다 ⇨ 오우버플로우

2663 ① ② ③

높이 뛰어 날 수 있을까?
신발에 스프링 달고 **오버해도** 날 수는 없어.
☺ 높이 ⇨ 오우버헤드

2664 ① ② ③

남의 말을 **엿들으면** 재밌니?
엿듣는 재미는 **오버**해도 희열이 느껴져.
☺ 엿듣다 ⇨ 오우버히얼

2653 예측	2654 생산량	2655 바깥쪽

① ② ③ ④ ⑤	① ② ③ ④ ⑤	① ② ③ ④ ⑤

2656 교외	2657 두드러진	2658 계란형

① ② ③ ④ ⑤	① ② ③ ④ ⑤	① ② ③ ④ ⑤

2659 종합적으로	2660 흐린	2661 이겨내다

① ② ③ ④ ⑤	① ② ③ ④ ⑤	① ② ③ ④ ⑤

2662 넘치다	2663 높이	2664 엿듣다

① ② ③ ④ ⑤	① ② ③ ④ ⑤	① ② ③ ④ ⑤

2653	outlook [áutlúk]	① ② ③ ④		조망, 전망, 경치 (on; over), 예측, 전망, 전도(for), 사고방식, 견해	① ② ③ ④
2654	output [áutpút]	① ② ③ ④		산출, 생산(량), 출력	① ② ③ ④
2655	outside [áutsáid]	① ② ③ ④		바깥쪽, 외면	① ② ③ ④
2656	outskirts [áutskə̀:rts]	① ② ③ ④		변두리, 교외	① ② ③ ④
2657	outstanding [àutstǽndiŋ]	① ② ③ ④		뛰어난, 현저한, 두드러진	① ② ③ ④
2658	oval [óuvəl]	① ② ③ ④		달걀 모양의, 계란형(의), 타원형	① ② ③ ④
2659	overall [óuvərɔ́:l]	① ② ③ ④		작업 바지, 작업복, 전체적(종합적, 일반적)으로, 전부의, 종합(일반, 전면)적인	① ② ③ ④
2660	overcast [óuvərkǽst]	① ② ③ ④		흐린	① ② ③ ④
2661	overcome [óuvərkʌ́m]	① ② ③ ④		극복하다, 이겨내다	① ② ③ ④
2662	overflow [òuvərflóu]	① ② ③ ④		넘치다, 충만하다, 범람, 과다	① ② ③ ④
2663	overhead [óuvərhéd]	① ② ③ ④		(머리) 위에, 높이, 상공에, 위층에, 머리가 묻히도록	① ② ③ ④
2664	overhear [óuvərhíər]	① ② ③ ④		엿듣다, 도청하다	① ② ③ ④

✓ STEP 1

2665 ① ② ③

어디서부터 음이 겹쳤어?
5번 랩(rap music)부터.

☺ 겹치다 ⇨ 오우버랩

2666 ① ② ③

기분 나쁘지만 눈감아 준 건?
오버(over)에서 룩(look), 쳐다보는
그의 눈빛!

☺ 눈감아 주다 ⇨ 오우버룩

2667 ① ② ③

몇 번이나 밤을 샜어?
오번(5)이나 나이트(night) 밤을
새웠어.

☺ 밤새 ⇨ 오우버나이트

2668 ① ② ③

한국이 예전에 인구 과잉이 된 원인은?
오버(over)된 파퓰레이션(population)
때문에.

☺ 인구 과잉 ⇨ 오우버파퓰레이션

2669 ① ② ③

몇 번이나 바다를 내려다 봤어?
오번(다섯 번), 눈이 시리게 봤어.

☺ 내려다보다 ⇨ 오우버시-

2670 ① ② ③

요리장의 실력을 따라잡기 위해서?
오버로 연습해서 스테이크를 잘
만들어!

☺ 따라잡다 ⇨ 오우버테이크

2671 ① ② ③

연장시간은 몇 분이야?
오버타임은 5분이야.

☺ 연장시간 ⇨ 오우버타임

2672 ① ② ③

너 왜 눈이 뒤집혔어?
우리 집을 오번(5), 턴 도둑이 또
들었어.

☺ 뒤집히다 ⇨ 오우버터-언

2673 ① ② ③

초과 중량이란?
오버(over)해서 웨이트(weight), 몸무게
나가는 것.

☺ 초과 중량 ⇨ 오우버웨이트

2674 ① ② ③

압도적으로 꼽을만한 드레스 있어?
오벌(5), 웨딩드레스 다 예뻐.

☺ 압도적으로 ⇨ 오우버웰밍

2675 ① ② ③

남편을 과로시킨 원인은?
매일 오버(over)해서 워크(work) 일
하게 해서.

☺ 과로시키다 ⇨ 오우버월-크

2676 ① ② ③

고마워- 다 네 덕택이야.
오우! 천만에.

☺ -의 덕택이다 ⇨ 오우

2665 겹치다	2666 눈감아 주다	2667 밤새

① ② ③ ④ ⑤	① ② ③ ④ ⑤	① ② ③ ④ ⑤

2668 인구 과잉	2669 내려다보다	2670 따라잡다

① ② ③ ④ ⑤	① ② ③ ④ ⑤	① ② ③ ④ ⑤

2671 연장시간	2672 뒤집히다	2673 초과 중량

① ② ③ ④ ⑤	① ② ③ ④ ⑤	① ② ③ ④ ⑤

2674 압도적으로	2675 과로시키다	2676 -의 덕택이다

① ② ③ ④ ⑤	① ② ③ ④ ⑤	① ② ③ ④ ⑤

2665	overlap [òuvərlǽp]	① ② ③ ④		겹치다, 부분적 중복	① ② ③ ④
2666	overlook [óuvərlúk]	① ② ③ ④		바라보다, 내려다보다, 감독(감시)하다, 돌보다, (미국), 경치, 풍경	① ② ③ ④
2667	overnight [óuvərnàit]	① ② ③ ④		밤을 새는, 밤새껏의, 하룻밤 사이의(에 출현한)	① ② ③ ④
2668	overpopulation [òuvərpɑpjuléiʃən]	① ② ③ ④		인구 과잉	① ② ③ ④
2669	oversee [òuvərsí:]	① ② ③ ④		내려다보다, 바라보다	① ② ③ ④
2670	overtake [óuvərtéik]	① ② ③ ④		따라잡다, 갑자기 덮치다	① ② ③ ④
2671	overtime [óuvərtàim]	① ② ③ ④		규정 외 노동시간, 초과(연장) 시간	① ② ③ ④
2672	overturn [òuvərtə́:rn]	① ② ③ ④		뒤집어엎다, 뒤집히다, 전복시키다, 멸망시키다, 전복, 타도, 파멸, 멸망	① ② ③ ④
2673	overweight [óuvərwèit]	① ② ③ ④		초과 중량, 지나치게 뚱뚱한	① ② ③ ④
2674	overwhelming [óuvərhwélmiŋ]	① ② ③ ④		압도적인, 저항할 수 없는	① ② ③ ④
2675	overwork [òuvərwə́:rk]	① ② ③ ④		과로(시키다)	① ② ③ ④
2676	owe [ou]	① ② ③ ④		빚지고 있다, ~의 덕택이다	① ② ③ ④

✓ STEP 1

2677 ① ② ③

세탁소 **소유권**을 가진 사람이 문에 뭘 붙였어?
'오늘 쉼'이라고 붙였네.
☺ 소유권 ⇨ 오널쉽

2678 ① ② ③

옛날 사람들도 금속 **산화물** 화장품을 썼니?
역사에도 기록 되어있어.
☺ 산화물 ⇨ 악사이드

2679 ① ② ③

산소가 나와서 머리가 맑아?
역시 정화기가 좋아.
☺ 산소 ⇨ 악시전

2680 ① ② ③

환경오염으로 **오존층**이 많이 파괴됐지?
오존층에 이어 빙하도 녹고 있어.
☺ 오존층 ⇨ 오우존레이럴

2681 ① ② ③

걸음걸이 속도 괜찮아?
그 페이스로 유지해.
☺ 걸음걸이 ⇨ 페이스

2682 ① ② ③

상자엔 뭐가 들었어?
천연 팩!
☺ 상자 ⇨ 팩

2683 ① ② ③

세트상품으로 여행 하는 것은?
패키지여행.
☺ 세트상품 ⇨ 팩키쥐

2684 ① ② ③

이교도들은 왜 모인거야?
어떤 페이건 신경 쓰지 마.
☺ 이교도 ⇨ 페이건

2685 ① ② ③

진통제는 어떤 기능이 있어?
패인의 고통을 죽이는 킬러(killer)같은 존재야.
☺ 진통제 ⇨ 페인킬럴

2686 ① ② ③

내 얼굴이 **창백하지**?
응, 볼이 패일 정도로 창백해.
☺ 창백한 ⇨ 페일

2687 ① ② ③

고생물학자가 다쳤다며?
화석에 팔이 페여 탈나지 않게 약 바르고 있어.
☺ 고생물학 ⇨ 페일리언탈러쥐

2688 ① ② ③

손바닥으로 뭐하고 있니?
땅 팜! (땅 파고 있어)
☺ 손바닥 ⇨ 파-암

2677 소유권	2678 산화물	2679 산소

① ② ③ ④ ⑤	① ② ③ ④ ⑤	① ② ③ ④ ⑤
2680 오존층	2681 걸음걸이	2682 상자

① ② ③ ④ ⑤	① ② ③ ④ ⑤	① ② ③ ④ ⑤
2683 세트상품	2684 이교도	2685 진통제

① ② ③ ④ ⑤	① ② ③ ④ ⑤	① ② ③ ④ ⑤
2686 창백한	2687 고생물학	2688 손바닥

① ② ③ ④ ⑤	① ② ③ ④ ⑤	① ② ③ ④ ⑤

2677	ownership [óunərʃìp]	① ② ③ ④		소유자임(자격), 소유권	① ② ③ ④
2678	oxide [áksaid]	① ② ③ ④		(화학) 산화물	① ② ③ ④
2679	oxygen [áksidʒən]	① ② ③ ④		산소	① ② ③ ④
2680	ozone layer [óuzounléiə:r]	① ② ③ ④		오존층	① ② ③ ④
2681	pace [peis]	① ② ③ ④		(한) 걸음, 걸음걸이, 걷는 속도, 보조, (일반적) 페이스, 속도 (생활·일의)	① ② ③ ④
2682	pack [pæk]	① ② ③ ④		짐을 싸다(넣다), 몰려가다, 꾸러미, 상자	① ② ③ ④
2683	package [pǽkidʒ]	① ② ③ ④		포장하다, 짐, 상자, 세트상품	① ② ③ ④
2684	pagan [péigən]	① ② ③ ④		이교도(異敎徒)(기독교·유대교·마호메트교의 신자가 아닌 사람)	① ② ③ ④
2685	painkiller [péinkìlər]	① ② ③ ④		진통제	① ② ③ ④
2686	pale [peil]	① ② ③ ④		창백한, 엷은, 어슴푸레한	① ② ③ ④
2687	paleontology [pèiliəntálədʒi]	① ② ③ ④		고생물학	① ② ③ ④
2688	palm [pɑ:m]	① ② ③ ④		손바닥, 쓰다듬다, 야자	① ② ③ ④

✓ STEP 1

2689 ① ② ③

그 **소책자**는 뭐야?
안내 팸플릿이야.

☺ 소책자 ⇨ 팸플리트

2690 ① ② ③

화판을 팔아 뭐 할 거야?
판 돈으로 판(음반)을 낼 생각이야.

☺ 화판 ⇨ 패늘

2691 ① ② ③

머리에 **고통**이 어떻게 느껴져?
팽! 하고 어지러워.

☺ 고통 ⇨ 팽

2692 ① ② ③

교실이 왜 **공포** 분위기야?
선생님이 애들을 패니 분위기가 쏴-해.

☺ 공포 ⇨ 패닉

2693 ① ② ③

왜 **헐떡거리니**?
팬티만 입고 쫓겨나서 그래.

☺ 헐떡거리다 ⇨ 팬트

2694 ① ② ③

낙하산은 언제 펴면 돼?
펴라할 때 슈욱-하고 펴면 돼.

☺ 낙하산 ⇨ 패러슈-트

2695 ① ② ③

사람들이 거리를 **행진하네** 무슨
축제야?
삼바 퍼레이드 중이야.

☺ 행진하다 ⇨ 퍼레이드

2696 ① ② ③

두목이 말 안 듣는 부하에게 **보기**를
어떻게 보이니?
부하를 패러다님.

☺ 보기 ⇨ 패러다임

2697 ① ② ③

천국에는?
뭐든지 팔아, 다 있어!

☺ 천국 ⇨ 패러다이스

2698 ① ② ③

역설적으로 내용을 만드는 게 뭐야?
패러디는 독설적인 내용을 익살스럽게
꾸민 거야.

☺ 역설 ⇨ 패러닥스

2699 ① ② ③

필적하는 두 사람이 한판 붙는다지?
서로 패러, 낼(내일) 만난대.

☺ 필적하다 ⇨ 패럴렐

2700 ① ② ③

러시아워로 교통이 **마비**되면?
눈 밑 퍼래지도록 러시아워로
스트레스 받네!

☺ 마비 ⇨ 퍼랠러시스

2689	소책자

① ② ③ ④ ⑤

2690	화판

① ② ③ ④ ⑤

2691	고통

① ② ③ ④ ⑤

2692	공포

① ② ③ ④ ⑤

2693	헐떡거리다

① ② ③ ④ ⑤

2694	낙하산

① ② ③ ④ ⑤

2695	행진하다

① ② ③ ④ ⑤

2696	보기

① ② ③ ④ ⑤

2697	천국

① ② ③ ④ ⑤

2698	역설

① ② ③ ④ ⑤

2699	필적하다

① ② ③ ④ ⑤

2700	마비

① ② ③ ④ ⑤

2689	**pamphlet** [pǽmflit]	① ② ③ ④		소책자, 소논문	① ② ③ ④
2690	**panel** [pǽnl]	① ② ③ ④		판벽, (창)틀, 패널	① ② ③ ④
2691	**pang** [pæŋ]	① ② ③ ④		고통, 번민	① ② ③ ④
2692	**panic** [pǽnik]	① ② ③ ④		공포, 당황	① ② ③ ④
2693	**pant** [pænt]	① ② ③ ④		숨차다, 헐떡거리다	① ② ③ ④
2694	**parachute** [pǽrəʃùːt]	① ② ③ ④		낙하산	① ② ③ ④
2695	**parade** [pəréid]	① ② ③ ④		행진하다, 과시하다	① ② ③ ④
2696	**paradigm** [pǽrədim]	① ② ③ ④		보기, 범례	① ② ③ ④
2697	**paradise** [pǽrədàis]	① ② ③ ④		천국, 낙원	① ② ③ ④
2698	**paradox** [pǽrədàks]	① ② ③ ④		역설, 패러독스	① ② ③ ④
2699	**parallel** [pǽrəlél]	① ② ③ ④		평행(의), 유사점, 평행하다, 필적하다	① ② ③ ④
2700	**paralysis** [pərǽləsis]	① ② ③ ④		마비, 활동불능(상태)	① ② ③ ④

✓ STEP 1

2701 ① ② ③

네 눈을 **마비시킨** 광경은?
패러글라이딩 너머로 본 선라이즈!
(sunrise)

☺ 마비시킨 ⇨ 패럴라이즈

2702 ① ② ③

이 음식 **꾸러미**는 뭐야?
파 썰어 넣은 계란말이야!

☺ 꾸러미 ⇨ 파-셀

2703 ① ② ③

혼자 금을 파서 **용서**가 안 돼?
파던 거 멈추고 내말 들어봐.

☺ 용서 ⇨ 파-든

2704 ① ② ③

외국인인 네 양**어버이의** 모습은 어때?
파란 눈과 틀니를 끼고 있어.

☺ 어버이의 ⇨ 퍼렌틀

2705 ① ② ③

유명한 영화들의 명장면을 **모방**한
영화는?
패러디 영화.

☺ 모방 ⇨ 패러디

2706 ① ② ③

책을 어떻게 **나눌까?**
파트별로 좀 나눠 줘.

☺ 나누다 ⇨ 파-트

2707 ① ② ③

요리대회에 **참가해서** 뭘 만들었어?
팔 걷어 부치고 스테이크 만들었어.
☺ 참가하다 ⇨ 파-테이크

2708 ① ② ③

편파적으로 왜 재한테만~
물건 파셔(파셔요)?
☺ 편파적인 ⇨ 파-셜

2709 ① ② ③

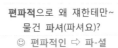

파티에 누가 **참가해?**
파티서 페이트(Fate)가 참가한대.
☺ 참가하다 ⇨ 파-티서페이트

2710 ① ② ③

극소량의 마약은 어디서 나왔어?
파티클럽에서 나왔데.

☺ 극소량 ⇨ 파-티클

2711 ① ② ③

특별한 가장무도회에는?
파티에 드라큘러 복장도 있어.

☺ 특별한 ⇨ 펄티큘럴

2712 ① ② ③

정시제로 정해진 시간에만 일하는
것은?
파트타임!
☺ 정시제의 ⇨ 팔-트타임

2701 마비시킨	2702 꾸러미	2703 용서

① ② ③ ④ ⑤	① ② ③ ④ ⑤	① ② ③ ④ ⑤

2704 어버이의	2705 모방	2706 나누다

① ② ③ ④ ⑤	① ② ③ ④ ⑤	① ② ③ ④ ⑤

2707 참가하다	2708 편파적인	2709 참가하다

① ② ③ ④ ⑤	① ② ③ ④ ⑤	① ② ③ ④ ⑤

2710 극소량	2711 특별한	2712 정시제의

① ② ③ ④ ⑤	① ② ③ ④ ⑤	① ② ③ ④ ⑤

		①	②			①	②
2701	**paralyze** [pǽrəlàiz]	③	④		마비시키다, 무력케 하다	③	④
2702	**parcel** [pá:rsəl]	①	②		소포, 꾸러미	①	②
		③	④			③	④
2703	**pardon** [pá:rdən]	①	②		용서하다, 용서, 뭐라고요?, 미안해요	①	②
		③	④			③	④
2704	**parental** [pəréntl]	①	②		어버이(로서)의, 어버이다운, (유전)어버이의	①	②
		③	④			③	④
2705	**parody** [pǽrədi]	①	②		(풍자적인) 모방 시문	①	②
		③	④			③	④
2706	**part** [pɑ:rt]	①	②		나누다, 부분, 부품, 역할	①	②
		③	④			③	④
2707	**partake** [pɑ:rtéik]	①	②		참가하다, 같이하다, 한몫 끼다	①	②
		③	④			③	④
2708	**partial** [pá:rʃəl]	①	②		편파적인, 일부분의, 편애하는	①	②
		③	④			③	④
2709	**participate** [pa:rtísəpéit]	①	②		참가하다, 관여하다	①	②
		③	④			③	④
2710	**particle** [pá:rtikl]	①	②		미립자, 극소량	①	②
		③	④			③	④
2711	**particular** [pərtikjulər]	①	②		특별한, 특정한, 상세한, 개개의	①	②
		③	④			③	④
2712	**part-time** [pɑ:rtaim]	①	②		파트타임의, 정시제의	①	②
		③	④			③	④

✓ STEP 1

2713 ① ② ③

같은 **당**끼리 모여서 뭐 해?
파티를 열어.
☺ 당 ⇨ 파-티

2714 ① ② ③

나 **통과**했어?
응, 당근 패스지!
☺ 통과 ⇨ 패시쥐

2715 ① ② ③

그 **승객**은 어떤 패션을 좋아해?
화려한 패션을 좋아해.
☺ 승객 ⇨ 패선저

2716 ① ② ③

그 디자이너 **열정**이 대단하지?
패션계에서 알아줘.
☺ 열정 ⇨ 패션

2717 ① ② ③

열정적인 디자이너 작품이야.
패션에 있어서는 최고지!
☺ 열정적인 ⇨ 패셔니트

2718 ① ② ③

레슬링에서 **수동적이고** 소극적으로
수비만 하면?
'패시브'라는 벌칙을 줘
☺ 수동적인 ⇨ 패시브

2719 ① ② ③

풀의 성분이 있는 거 이거 뭐예요?
타르페이스트(tar paste/약명)야.
☺ 풀 ⇨ 페이스트

2720 ① ② ③

기분 전환이 되는 시간은?
공을 패스하며 노는 타임.(time)
☺ 기분 전환 ⇨ 패스타임

2721 ① ② ③

목장에서 나오는 폐수는?
폐수 치워!
☺ 목장 ⇨ 패스철

2722 ① ② ③

강아지를 **쓰다듬어**주고 강아지 집에
뭘 세워줬어?
팻말을 세워줬어.
☺ 쓰다듬다 ⇨ 패트

2723 ① ② ③

파리에서 **특허** 받은 영어는?
파리 튼트 영어.
☺ 특허 ⇨ 패턴트

2724 ① ② ③

요리 할 때 **아버지의** 간섭은?
퍼떡 넣어!
☺ 아버지의 ⇨ 퍼터-늘

2713 당

① ② ③ ④ ⑤

2714 통과

① ② ③ ④ ⑤

2715 승객

① ② ③ ④ ⑤

2716 열정

① ② ③ ④ ⑤

2717 열정적인

① ② ③ ④ ⑤

2718 수동적인

① ② ③ ④ ⑤

2719 풀

① ② ③ ④ ⑤

2720 기분 전환

① ② ③ ④ ⑤

2721 목장

① ② ③ ④ ⑤

2722 쓰다듬다

① ② ③ ④ ⑤

2723 특허

① ② ③ ④ ⑤

2724 아버지의

① ② ③ ④ ⑤

2713	**party** [pá:rti]	①	②		(사교상의) 모임, 회, 파티, (미국속어) 야단법석, 난장판, 당, 당파, 정당	①	②
		③	④			③	④
2714	**passage** [pǽsidʒ]	①	②		통행, 통과, 경과, 수송	①	②
		③	④			③	④
2715	**passenger** [pǽsəndʒər]	①	②		승객, 여객	①	②
		③	④			③	④
2716	**passion** [pǽʃən]	①	②		열정, 열애, 격노	①	②
		③	④			③	④
2717	**passionate** [pǽʃənit]	①	②		열정적인, 격렬한	①	②
		③	④			③	④
2718	**passive** [pǽsiv]	①	②		수동적인, 무저항의, 활동적이 아닌	①	②
		③	④			③	④
2719	**paste** [peist]	①	②		풀, 반죽	①	②
		③	④			③	④
2720	**pastime** [pǽstáim]	①	②		기분 전환, 오락, 놀이	①	②
		③	④			③	④
2721	**pasture** [pǽstʃər]	①	②		목장, 목초	①	②
		③	④			③	④
2722	**pat** [pæt]	①	②		쓰다듬다, 가볍게 치다	①	②
		③	④			③	④
2723	**patent** [pǽtnt]	①	②		특허(권), 특허의, 명백한	①	②
		③	④			③	④
2724	**paternal** [pətə́:rnl]	①	②		아버지(로서)의, 아버지다운	①	②
		③	④			③	④

✓ STEP 1

2725 ① ② ③

보도에서 애들이 공 가지고 뭐하고 놀아?
패스하고 놀아.
☺ 보도 ⇨ 패쓰

2726 ① ② ③

극히 적은 밥을~
퍼서 준다고 틱틱 대네.
☺ 극히 적은 ⇨ 퍼쎄틱

2727 ① ② ③

그 환자는 어떤 상태에서 **견뎌 냈나요?**
살이 패이셨는데도 잘 견뎌 냈어요!
☺ 견뎌 내는 ⇨ 페이션트

2728 ① ② ③

멜깁슨 주연의 **애국적인** 전쟁영웅 영화 제목 아니?
패트리어트(patriot)!
☺ 애국적인 ⇨ 패이트리아틱

2729 ① ② ③

애국심을 불러일으킬 방송프로는?
패트리어트(patriot)가 이쯤해서 방송돼.
☺ 애국심 ⇨ 패이트리어티점

2730 ① ② ③

후원자가 무엇에 대해 이야기 하니?
페이(pay)에 대해 두런두런 얘기해.
☺ 후원자 ⇨ 페이트런

2731 ① ② ③

모범 답안은 어떻게 만들어야 해?
일정한 패턴으로.
☺ 모범 ⇨ 페턴

2732 ① ② ③

모델이 뭘 **중지했어?**
포즈를 중지했어.
☺ 중지하다 ⇨ 포-즈

2733 ① ② ③

포장도로에서 일해서 뭐 했니?
첫 번째 페이 받아서 부모님께 먼저 드렸어.
☺ 포장도로 ⇨ 페이브먼트

2734 ① ② ③

사람을 **할퀸** 동물은?
표범!
☺ 할퀴다 ⇨ 포-

2735 ① ② ③

지불한 돈을 어디 가져갔니?
페이(pay)를 먼데까지 가져갔어.
☺ 지불 ⇨ 페이먼트

2736 ① ② ③

산꼭대기엔 산소가 부족하지?
저산소증으로 픽 쓰러질 정도야.
☺ 산꼭대기 ⇨ 피-크

2725 보도

① ② ③ ④ ⑤

2726 극히 적은

① ② ③ ④ ⑤

2727 견뎌 내는

① ② ③ ④ ⑤

2728 애국적인

① ② ③ ④ ⑤

2729 애국심

① ② ③ ④ ⑤

2730 후원자

① ② ③ ④ ⑤

2731 모범

① ② ③ ④ ⑤

2732 중지하다

① ② ③ ④ ⑤

2733 포장도로

① ② ③ ④ ⑤

2734 할퀴다

① ② ③ ④ ⑤

2735 지불

① ② ③ ④ ⑤

2736 산꼭대기

① ② ③ ④ ⑤

2725	path [pæθ]	①	②		작은 길, 보도	①	②
		③	④			③	④
2726	pathetic [pəθétik]	①	②		애처로운, 애수에 찬, 감동적인, 아주 불충분한	①	②
		③	④			③	④
2727	patient [péiʃənt]	①	②		인내심이 강한, 견뎌 내는, 환자	①	②
		③	④			③	④
2728	patriotic [péitriátik]	①	②		애국적인	①	②
		③	④			③	④
2729	patriotism [péitriətìzəm]	①	②		애국심	①	②
		③	④			③	④
2730	patron [péitrən]	①	②		보호자, 후원자	①	②
		③	④			③	④
2731	pattern [pǽtərn]	①	②		모범, 형, 무늬, 도안	①	②
		③	④			③	④
2732	pause [pɔːz]	①	②		중단, 중지, 중지하다	①	②
		③	④			③	④
2733	pavement [péivmənt]	①	②		포장도로, 인도	①	②
		③	④			③	④
2734	paw [pɔː]	①	②		발, 필적, 할퀴다	①	②
		③	④			③	④
2735	payment [péimənt]	①	②		지불, 납입, 보수	①	②
		③	④			③	④
2736	peak [piːk]	①	②		끝, 산꼭대기	①	②
		③	④			③	④

✓ STEP 1

2737 ① ② ③

시골뜨기는 야구에서 누구를 몰라 봤니?
패전투수.

☺ 시골뜨기 ⇨ 페전트

2738 ① ② ③

렌즈를 친구가 망가뜨렸는데 어쩌지?
패버려!

☺ 렌즈 ⇨ 페벌

2739 ① ② ③

비둘기가 **쪼아 먹는** 것은?
팩에 들어있는 과자.

☺ 쪼아 먹다 ⇨ 펙

2740 ① ② ③

독특한 맛이 나는데 이거 뭐야?
피클이여!

☺ 독특한 ⇨ 피큐올리얼

2741 ① ② ③

보행자를 방해한 도로가 어디여?
저기 삽으로 퍼 댄, 스트리트(street)여!

☺ 보행자 ⇨ 퍼데스트리언

2742 ① ② ③

친구가 내 일기를 **훔쳐보더니** 어떻게
웃었어?
픽! 하고 웃었어.

☺ 훔쳐보다 ⇨ 피크

2743 ① ② ③

동물의 **껍질을 벗기면** 뭐가 나와?
피가 나와.

☺ 껍질을 벗기다 ⇨ 피일

2744 ① ② ③

네 일기 **훔쳐본** 엄마가 어떻게 했어?
엄마가 밉다고 써서 핍박당했어.

☺ 훔쳐보다 ⇨ 피잎

2745 ① ② ③

귀족들이 먹는 음식을 보며 뭐라고
했어?
그 음식은 우리의 피여!

☺ 귀족 ⇨ 피얼

2746 ① ② ③

회초리로 **벌하던** 엄마가 속으로
뭐라고 했어?
피 날라, 이제 그만해야지!

☺ 벌하다 ⇨ 피널라이즈

2747 ① ② ③

반칙을 한 팀의 상대팀에게 주는
일종의 **처벌**은?
패널티 킥!

☺ 처벌 ⇨ 페널티

2748 ① ② ③

저 시계의 **흔들리는 추**는 어떻게
만들었어?
펜보다 가는 줄로 만들어.

☺ 흔들리는 추 ⇨ 펜절럼

| 2737 | 시골뜨기 | 2738 | 렌즈 | 2739 | 쪼아 먹다 |

① ② ③ ④ ⑤

① ② ③ ④ ⑤

① ② ③ ④ ⑤

| 2740 | 독특한 | 2741 | 보행자 | 2742 | 훔쳐보다 |

① ② ③ ④ ⑤

① ② ③ ④ ⑤

① ② ③ ④ ⑤

| 2743 | 껍질을 벗기다 | 2744 | 훔쳐보다 | 2745 | 귀족 |

① ② ③ ④ ⑤

① ② ③ ④ ⑤

① ② ③ ④ ⑤

| 2746 | 벌하다 | 2747 | 처벌 | 2748 | 흔들리는 추 |

① ② ③ ④ ⑤

① ② ③ ④ ⑤

① ② ③ ④ ⑤

2737	**peasant** [pézənt]	① ② ③ ④		농부, 시골뜨기	① ② ③ ④
2738	**pebble** [pébəl]	① ② ③ ④		조약돌, 렌즈	① ② ③ ④
2739	**peck** [pek]	① ② ③ ④		쪼다, 쪼아 먹다	① ② ③ ④
2740	**peculiar** [pikjú:liər]	① ② ③ ④		독특한, 특별한, 묘한	① ② ③ ④
2741	**pedestrian** [pədéstriən]	① ② ③ ④		도보의, 보행자	① ② ③ ④
2742	**peek** [pi:k]	① ② ③ ④		엿보다(봄), 훔쳐보다	① ② ③ ④
2743	**peel** [pi:l]	① ② ③ ④		껍질을 벗기다, 껍질	① ② ③ ④
2744	**peep** [pi:p]	① ② ③ ④		엿보다(봄), 훔쳐보다	① ② ③ ④
2745	**peer** [piər]	① ② ③ ④		동등한 사람, 귀족	① ② ③ ④
2746	**penalize** [pí:nəlàiz]	① ② ③ ④		벌하다, 불리하게 하다	① ② ③ ④
2747	**penalty** [pénəlti]	① ② ③ ④		형벌, 처벌, 벌금	① ② ③ ④
2748	**pendulum** [péndʒuləm]	① ② ③ ④		(시계 따위의) 진자, 흔들리는 추; 몹시 흔들리는 물건; 매다는 램프, 샹들리에; 마음을 잡지 못하는 사람.	① ② ③ ④

✓ STEP 1

2749 ① ② ③

침투해서 공연시간 맞췄니?
팬들을 넣어두고 침투했지만 공연에는
래이트(late) 늦었어.
☺ 침투하다 ⇨ 페너트레이트

2750 ① ② ③

저 사람들은 왜 한**반도**에 오는 거야?
피난 살러 온대.
☺ 반도 ⇨ 피닌셜러

2751 ① ② ③

넌 왜 이리 **몹시 가난해**?
통장에서 돈 빼니 린스 살 돈도 없어.
☺ 몹시 가난한 ⇨ 페니리스

2752 ① ② ③

연금으로 뭐하는 게 좋을까?
팬션 사업이 최고야.

☺ 연금 ⇨ 펜션

2753 ① ② ③

배에 **5각형** 모양이 있는 곰은?
팬더곰.

☺ 5각형 ⇨ 펜터간

2754 ① ② ③

남편이 술만 마시는 이유를 **이해하는**
부인은?
펄씨 부인.
☺ 이해하다 ⇨ 퍼시-브

2755 ① ② ③

볼링에서 **완벽하게** 모두 스트라이크를
치면 뭐라고 해?
퍼펙트게임!
☺ 완벽한 ⇨ 퍼-픽트

2756 ① ② ③

공연하는데 준비 운동은?
어깨 펴! 포옴 잡고!

☺ 공연하다 ⇨ 퍼포옴

2757 ① ② ③

그 배우의 **공연**은 뭘 알게 해줬어?
진정한 퍼포먼스!

☺ 공연 ⇨ 퍼포-먼스

2758 ① ② ③

향기에 예민한 한 남자의 이야기를
다룬 영화는?
퍼퓸!
☺ 향기 ⇨ 펄퓨움

2759 ① ② ③

담배를 피우면 **위험**한 거 몰라?
폐를 위해서 끊어야 해.

☺ 위험 ⇨ 페럴

2760 ① ② ③

뻘 둘레가 얼마나 될까?
뻘이 몇 미터인지 재어봐!

☺ 둘레 ⇨ 퍼리미터

2749 침투하다

① ② ③ ④ ⑤

2750 반도

① ② ③ ④ ⑤

2751 몹시 가난한

① ② ③ ④ ⑤

2752 연금

① ② ③ ④ ⑤

2753 5각형

① ② ③ ④ ⑤

2754 이해하다

① ② ③ ④ ⑤

2755 완벽한

① ② ③ ④ ⑤

2756 공연하다

① ② ③ ④ ⑤

2757 공연

① ② ③ ④ ⑤

2758 향기

① ② ③ ④ ⑤

2759 위험

① ② ③ ④ ⑤

2760 둘레

① ② ③ ④ ⑤

2749	penetrate [pénətréit]	① ② ③ ④		꿰뚫다, 관통하다, 침입하다, -을 통과하다, 지나가다, -에 스며들다; -에 침투하다	① ② ③ ④
2750	peninsula [pinínsələ]	① ② ③ ④		반도	① ② ③ ④
2751	penniless [pénilis]	① ② ③ ④		무일푼의, 몹시 가난한	① ② ③ ④
2752	pension [pénʃən]	① ② ③ ④		연금, 부조금, 장려금	① ② ③ ④
2753	pentagon [péntəgàn]	① ② ③ ④		5각형, 미 국방부	① ② ③ ④
2754	perceive [pərsíːv]	① ② ③ ④		인지하다, 이해하다, 알다	① ② ③ ④
2755	perfect [pə́ːrfikt]	① ② ③ ④		완전한, 숙달한, 완벽한	① ② ③ ④
2756	perform [pərfɔ́ːrm]	① ② ③ ④		실행하다, 공연(연주)하다	① ② ③ ④
2757	performance [pərfɔ́ːrməns]	① ② ③ ④		실행, 일, 상연, 공연	① ② ③ ④
2758	perfume [pə́ːrfjuːm]	① ② ③ ④		향기, 향수, 향기롭게 하다	① ② ③ ④
2759	peril [pérəl]	① ② ③ ④		위험, 모험	① ② ③ ④
2760	perimeter [pərímitər]	① ② ③ ④		둘레, 주변	① ② ③ ④

✓ STEP 1

2761 ① ② ③

정기간행물에 나온 피리에 대해서
뭐가 궁금해?
피리가 어디껀지!

☺ 정기간행물 ⇨ 피어리아디컬

2762 ① ② ③

바닷가 **주변의** 풍경은 어때?
뻘이 퍼렇게 보이네.

☺ 주변의 ⇨ 퍼라퍼럴

2763 ① ② ③

어떤 사람들이 **사라지고** 있니?
페리를 타고 바다에 쉬! 하는 사람들.

☺ 사라지다 ⇨ 페리쉬

2764 ① ② ③

아줌마 **파마** 해볼래?
그 퍼머는 잘 안 풀려.

☺ 파마 ⇨ 퍼-머넌트

2765 ① ② ③

시에서 **허가한** 것은?
땅을 퍼서 밑으로 배관 설치하도록.

☺ 허락하다 ⇨ 퍼-미트

2766 ① ② ③

수직 모양으로 펜 정리하려면?
펄펜(펄이 들어간 펜)을 뒤에 놓고
굴러 봐!

☺ 수직의 ⇨ 퍼-펜디컬러

2767 ① ② ③

끊임없이 눈이 오네?
눈이 펄펄 내려서 카펫에 누워있다
추워서 일어났어!

☺ 끊임없는 ⇨ 퍼페츄얼

2768 ① ② ③

무엇이 사장을 **당혹시킨 거야?**
펄프(종이)회사에서 노동자들이
엑스표시를 들고 일을 안 해서.

☺ 당혹시키다 ⇨ 퍼플렉스

2769 ① ② ③

왜 사장이 **괴롭혔어?**
펄 장식구두를 신고 와서.

☺ 괴롭히다 ⇨ 펄-시큐-트

2770 ① ② ③

참을성 있게 참은 이유는?
별거 아닌 **시비여서.**

☺ 참을성 ⇨ 펄-시비어런스

2771 ① ② ③

참고 살다보니 나이가 몇 살?
팔십이여.

☺ 참다 ⇨ 펄-서비어

2772 ① ② ③

남자도 집안일 분담을 꼭 **관철시켜**
주장을 계속 펴, 시숙도 동의했어.

☺ 관철시키다 ⇨ 펄-시스트

2761 정기간행물	2762 주변의	2763 사라지다

① ② ③ ④ ⑤	① ② ③ ④ ⑤	① ② ③ ④ ⑤

2764 파마	2765 허락하다	2766 수직의

① ② ③ ④ ⑤	① ② ③ ④ ⑤	① ② ③ ④ ⑤

2767 끊임없는	2768 당혹시키다	2769 괴롭히다

① ② ③ ④ ⑤	① ② ③ ④ ⑤	① ② ③ ④ ⑤

2770 참을성	2771 참다	2772 관철시키다

① ② ③ ④ ⑤	① ② ③ ④ ⑤	① ② ③ ④ ⑤

No.	Word					Meaning		
2761	**periodical** [pi(:)riádikəl]	① ③	② ④			주기적인, 정시간행의, 정시간행물	① ③	② ④
2762	**peripheral** [pərífərəl]	① ③	② ④			주위의, 주변의, 주변장치	① ③	② ④
2763	**perish** [périʃ]	① ③	② ④			멸망하다, 소멸하다, 사라지다, 떨어지다	① ③	② ④
2764	**permanent** [pə́:rmənənt]	① ③	② ④			영구적인, 내구성의, 파마	① ③	② ④
2765	**permit** [pərmit]	① ③	② ④			허락하다, 가능하게 하다, 허가(증명)서	① ③	② ④
2766	**perpendicular** [pe:rpendikjulər]	① ③	② ④			수직의, 깎아지른 듯한	① ③	② ④
2767	**perpetual** [pə:rpétʃuəl]	① ③	② ④			영구의, 끊임없는	① ③	② ④
2768	**perplex** [pərpléks]	① ③	② ④			당혹시키다, 복잡하게 하다	① ③	② ④
2769	**persecute** [pə́:rsikju:t]	① ③	② ④			박해하다 괴롭히다	① ③	② ④
2770	**perseverance** [pə́:rsiviərəns]	① ③	② ④			참을성, 불굴	① ③	② ④
2771	**persevere** [pə̀:rsəvíər]	① ③	② ④			참다, 유지하다	① ③	② ④
2772	**persist** [pərsist]	① ③	② ④			관철시키다, 지속하다	① ③	② ④

✓ STEP 1

2773 ① ② ③

사람이 잘못을 저지르면?
벌선다!
☺ 사람 ⇨ 펄선

2774 ① ② ③

개인의 감정이 섞였나?
그래서 벌세우나?
☺ 개인의 ⇨ 펄-서널

2775 ① ② ③

영화의 그 인물은?
벌써 돈을 들고 날랐다.
☺ 인물 ⇨ 펄-서낼러티

2776 ① ② ③

전 직원이 쉬는 날은?
벌써 낼이야!
☺ 전 직원 ⇨ 펄-서넬

2777 ① ② ③

원근법이 잘 표현됐지?
펄이 숲에 있는 그림은 TV에서 본적
있어.
☺ 원근법 ⇨ 펄-스펙티브

2778 ① ② ③

선수들이 땀에 절었네?
펄펄 끓는 날씨에 스피드 내면
레이서가 힘들어.
☺ 땀 ⇨ 펄-스피레이션

2779 ① ② ③

땀을 흘리기에 좋은 방법?
여름에 펄(pearl)스파(spa)에서
이열치열로 땀 흘려봐!
☺ 땀을 흘리다 ⇨ 펄스파이얼

2780 ① ② ③

뭘 사라고 설득하고 있니?
펄 장식 있는 스웨이드 자켓!
☺ 설득하다 ⇨ 펄-스웨이드

2781 ① ② ③

비관적인 팀원들은 왜 졌다고
생각하니?
패스 미스해서 졌다고 생각해.
☺ 비관적인 ⇨ 페서미스틱

2782 ① ② ③

논에 농약 들어갔어.
폐수 물길을 터, 물을 사이드(side)로
흘려보내면 돼.
☺ 농약 ⇨ 페스터사이드

2783 ① ② ③

전염병이 왜 퍼졌지?
폐수가 칠년 동안 식수에 섞여
들어왔대.
☺ 전염병 ⇨ 페스털런스

2784 ① ② ③

애완동물 이 어디로 갔지?
패트(PET)병 안에 있어.
☺ 애완동물 ⇨ 페트

2773 사람	2774 개인의	2775 인물

① ② ③ ④ ⑤	① ② ③ ④ ⑤	① ② ③ ④ ⑤

2776 전 직원	2777 원근법	2778 땀

① ② ③ ④ ⑤	① ② ③ ④ ⑤	① ② ③ ④ ⑤

2779 땀을 흘리다	2780 설득하다	2781 비관적인

① ② ③ ④ ⑤	① ② ③ ④ ⑤	① ② ③ ④ ⑤

2782 농약	2783 전염병	2784 애완동물

① ② ③ ④ ⑤	① ② ③ ④ ⑤	① ② ③ ④ ⑤

2773	person [pə́:rsən]	①	②		사람, 인간, 몸	①	②
		③	④			③	④
2774	personal [pə́:rsnəl]	①	②		개인의, 본인 스스로의, 신체의	①	②
		③	④			③	④
2775	personality [pə̀:rsənǽləti]	①	②		개성, 성격, 인물	①	②
		③	④			③	④
2776	personnel [pə̀:rsənél]	①	②		전 직원, 인원, 직원의	①	②
		③	④			③	④
2777	perspective [pərspéktiv]	①	②		원근법 조망	①	②
		③	④			③	④
2778	perspiration [pə́:rspiréiʃən]	①	②		땀, 발한(작용)	①	②
		③	④			③	④
2779	perspire [pərspáiər]	①	②		땀을 흘리다, 증발하다	①	②
		③	④			③	④
2780	persuade [pərswéid]	①	②		설득하다, 확신시키다, 납득시키다.	①	②
		③	④			③	④
2781	pessimistic [pesimistik]	①	②		비관적인, 염세적인	①	②
		③	④			③	④
2782	pesticide [péstəsàid]	①	②		농약	①	②
		③	④			③	④
2783	pestilence [péstiləns]	①	②		전염병, 역병	①	②
		③	④			③	④
2784	pet [pet]	①	②		쓰다듬다, 어루만지다, 애완동물	①	②
		③	④			③	④

2104 interview ① 회견; 회담, 대담.
② (입사 따위의) 면접, 면회《for; with》
• a job ~ =an ~ for a job 구직자의 면접.

2106 section
절단, 단편; 부분품, 접합 부분
──• a bookcase built in ~s 조립식(式) 책장
──• a business ~ 상업 지구.
부문; (회의 등의) 부회(部會); (단체의) 당, 파; (관청 등의) 부, 과, 반
──• a personnel ~ 인사과.

2114 trick
① 묘기(妙技), 재주, 곡예; 요술, 기술(奇術)
──• a juggler's ~ 요술
──• teach one's dog several ~s 개에게 재주를 몇 가지 가르치다.
② 비결, 요령《of》
──• the ~ of making pies 파이 만드는 비결
③ 책략, 계교, 속임수;《속어》범죄 행위; 〖영화〗 트릭

2115 pro·duc·er [prədjúːsər] ① 생산자, 제작자.
〈 OPP. 〉 consumer
──• a ~'s price 생산자 가격.
② 〖연극·영화〗 감독, 연출가(《미국》director);프로듀서

2117 true 정말의, 진실한, 사실과 틀리지 않는.
〈 OPP. 〉 false.　──• a ~ story 실화

2120 *brand [brænd] ① 상표, 상품의 이름, 브랜드; 품질.

2122 event [ivént] ① 사건, 이벤트(행사)
메인 이벤트the main event　이벤트에 응모하다 enter for an event

2166 Vi·king [váikiŋ] ① 바이킹, 북유럽 해적
①《8-11세기경 유럽 해안을 노략질한 북유럽 사람》.
② (v-) 해적 ② 바이킹《미국의 무인 화성 탐사기》.

2174 *rap¹ [ræp] ① (문·테이블 따위를) 톡톡 두드림, 두드리는 소리
　미국 뉴욕의 흑인과 스페인계(系)의 젊은이 사이에서 1970년대 초 유행하기 시작한 음악 요소로 지금은 하나의 음악 장르로 인정받고 있다. 랩은 비트와 가사로 구성되며 멜로디보다 리듬에 기반을 둔 보컬 기술이다.

2202 leaflet 낱장으로 된 인쇄물; 전단 광고;
(신문 따위 속에 끼어 넣는) 간단한 인쇄물, 리플릿

catalogue 미국식 [|kætəlɔ:g] (상품 · 자료의) 목록, 카탈로그

pamphlet 팸플릿, 작은 소 책자

2602 오펜바흐 [Jacques Offenbach]
1847년부터 많은 오페레타를 작곡하였다. 한때 프랑스 극장의 지휘자가 되어 경쾌하고 재미있는 오페라를 많이 발표하여 "프랑스 오페레타의 창시자" 라고 불린다.
출처: [네이버 지식백과] (인명사전, 민중서관)

MEMO

MEMO

MEMO

MEMO

MEMO

MEMO